Gerhard Wehr

Das Geheimnis des Lebens ist zwischen Zweien verborgen

C. G. Jung in seinen Briefen

Bibliografische Information der Deutschen Nationalbibliothek
Die Deutsche Nationalbibliothek verzeichnet diese Publikation in der Deutschen Nationalbibliografie; detaillierte bibliografische Daten sind im Internet über http://dnb. d-nb. de abrufbar.

Version 1.01
Umschlaggestaltung, Grafik und Layout: Dr. Lutz Müller
Herstellung: Book on Demand GmbH. Norderstedt

ISBN 13: 978-3-939322-62-7

Gerhard Wehr

Das Geheimnis des Lebens ist zwischen Zweien verborgen

C. G. Jung in seinen Briefen

opus magnum

Dr. theol. h. c. Gerhard Wehr, geb. 1931 in Schweinfurt. Nach langjähriger Tätigkeit auf verschiedenen Feldern der Diakonie innerhalb der evangelischen Landeskirche Bayerns war er von 1970 bis 1990 Lehrbeauftragter an der Diakonenschule (Fachakademie für Sozialpädagogik) Rummelsberg.
Jetzt freier Schriftsteller in Schwarzenbruck bei Nürnberg, Verfasser zahlreicher Studien zur neueren Religions- und Geistesgeschichte, darunter Biografien über Martin Buber, C. G. Jung, Rudolf Steiner, Jean Gebser, H. P. Blavatsky, Friedrich Rittelmeyer; Editionen zur deutschen Mystik. Ein Großteil seiner Werke ist in europäische und asiatische Sprachen übersetzt.

Inhalt

Vorwort 7
Zur Annäherung 11
Im Austausch mit Sigmund Freud 21
Westlich-östliche Unterschiede 27
Gebotene Nüchternheit 35
Das Symbol im religiösen Erlebnis 45
Vom Umgang mit dem Unbewussten.
Aspekte der Parapsychologie 57
Im psychologisch-theologischem Dialog I 77
Dem Schicksal standhalten 87
Die Last des Alters tragen – „am Rande der Ewigkeit“ 95
Im psychologisch-theologischen Dialog II 101
Phänomene des Künstlerischen 111
Erich Neumann und das Problem des Bösen 121
Das Mariendogma der Assumptio 127
Rückblick und Lebensbilanz 135
Zeittafel 145
Anmerkungen 151
Gerhard Wehr bei opus magnum 159

Leitwort

Das lebendige Geheimnis des Lebens
ist immer zwischen Zweien verborgen,
und es ist das wahre Mysterium,
das Worte nicht verraten
und Argumente nicht erschöpfen können.

C. G. Jung[1]

Vorwort

Die Beantwortung von Briefen und Anfragen aller Art gehören zum Tagesgeschäft eines Schriftstellers. Die Motivationen, mit einem Autor, einer Autorin in Verbindung zu treten, sind naturgemäß verschieden. Wohl spielt dabei das Bedürfnis eine Rolle, vom Autor – gleichsam Auge in Auge – etwas von dem zu erfahren, was angeblich nicht in seinen Büchern und Aufsätzen steht. Dazu gehört das, worüber er in Vorträgen vermutlich nicht ausdrücklich spricht, was aber einer Klärung förderlich sein kann. Man möchte vielleicht etwas von seiner persönlichen Lebensanschauung erfahren, seine Meinungen oder Bewertungen kennenlernen, um ihn und seine Bestrebungen besser zu verstehen. So gesehen gehören nicht nur die der Allgemeinheit zugänglichen Veröffentlichungen zum schriftstellerischen Schaffen, sondern auch relativ private, dem persönlichen Brief vorbehaltene Äußerungen.

Was nun den über nahezu sechs Jahrzehnte sich erstreckenden, in der Hauptsache werkbezogenen Briefwechsel von Carl Gustav Jung anlangt, so stellen seine Briefe einen unverzichtbaren Bestandteil seines umfangreichen Lebens und Schaffens dar. Von Aniela Jaffé, der Herausgeberin seiner dreibändigen Briefausgabe, wissen wir, dass seine Einstellung seinem Briefwechsel gegenüber durchaus ambivalent war. Die vielen Briefe „belasteten ihn als zusätzliche Arbeit, und die gelegentlich überwältigende Fülle der täglich eingehenden Post bedrängte ihn, doch empfand er im immer stärkeren Maße das Bedürfnis, mit der Welt über wissenschaftliche Fragen zu korrespondieren, Missverständnisse in der

Auffassung seiner Gedanken richtigzustellen oder Ratsuchenden einen Weg zu weisen."[2]

Fragen der Religion, insbesondere der religiösen oder inneren Erfahrung hatten dabei, wie nicht anders zu erwarten, eine wichtige Rolle zu spielen. Wohl ist diese Thematik in seinen Büchern in detaillierter Weise ausführlich behandelt worden. Doch durch das persönlich artikulierte Wort erfährt das dort Dargestellte gegebenenfalls eine zusätzliche Anreicherung und Beleuchtung. Das trifft, auf Jungs individuelle Entwicklung bezogen, in ganz besonderer Weise auf seine Autobiografie „Erinnerungen, Träume, Gedanken" zu. Aber darüber hinaus zeigte es sich, dass die Beantwortung von Rückfragen erforderlich war, zumal die Erstausgabe dieser biografischen Rückschau erst 1962, also im Jahr nach Jungs Tod (1961) im Druck erschien.

In den Briefen war zum einen das aus seinen Veröffentlichungen bisher Bekannte zu ergänzen; zum andern galt es, bestimmte Sichtweisen der Analytischen Psychologie zu kommentieren. Wo der Arzt und psychologische Forscher sich in den Werken eine gewisse Zurückhaltung auferlegen musste, da bot der persönlich gehaltene Brief die Möglichkeit einer intimeren Mitteilung. Das geschah hin und wieder in Gestalt von bekenntnishaften Äußerungen, für die in einer wissenschaftlichen Abhandlung naturgemäß kein Platz ist. Von der Herausgeberin war zu erfahren, dass Jung in Vorbereitung der Briefausgabe die an Theologen und religiös Interessierte gerichteten Schreiben in einem speziellen Ordner aussortieren ließ, beschriftet als „Pfarrerbriefe".

Das dürfte auch damit zusammenhängen, dass er den darin enthaltenen Stellungnahmen und Positionsbestimmungen zu religiösen Fragen eine spezielle, gerade für ihn außerordentlich wichtige Bedeutung zuwies. Ferner versteht es sich, dass sie im Kontext der jeweiligen Buchveröffentlichungen, beispielsweise der im Band 11 der Gesammelten Werke enthaltenen Texte zur Psychologie westlicher und östlicher Religion neben einer Reihe anderer Schriften Jungs, zur Kenntnis zu nehmen sind.

Was die vorliegende Veröffentlichung anlangt, so lässt sie sich als Einladung verstehen, die einschlägigen Äußerungen C. G. Jungs im größeren Zusammenhang zu lesen und damit einen ersten oder auch einen neuen Zugang zu den einschlägigen Schriften des Verfassers anzuregen. Nun liegt es im Wesen eines Briefwechsels, zumal eines solchen, dessen Autor über ein komplexes und vielschichtiges Opus verfügt, dass sich die Aufeinanderfolge der Texte einer thematischen Anordnung widersetzt. Deshalb sollte hier erst gar nicht der Eindruck erweckt werden, als wollte man in Jungs Briefwechsel eine thematische Ordnung hineinbringen. Das widerspräche der lebendigen Farbigkeit, die seinem Leben und Schaffen eigen ist.

Den Anstoß für diese kommentierte Zusammenstellung seiner Gedanken verdanke ich Dr. Lutz Müller, der den Verlag Opus Magnum Stuttgart verlegerisch betreut, nachdem dort bereits einige Darstellungen zu religionspsychologischen Aspekten im Werk C. G. Jungs vorliegen[3].

Um die jeweiligen Zitate im Zusammenhang lesen zu können, werden sie, sofern nicht anders angegeben, nach der jungschen Werkausgabe der Gesammelten Schriften (GW) wiedergegeben, wobei die lateinische Ziffer den Band, die danebenstehende arabische Zahl die Seite bezeichnet. Ähnlich wird nach der dreibändigen Briefausgabe (Br I-III) verfahren. Zitate aus der Autobiografie „Erinnerungen, Träume, Gedanken“ werden durch „Erinnerungen“ mit folgender Seitenangabe notiert. Abgesehen davon wäre es wünschenswert, auch privater gehaltene Briefe zugänglich zu machen. An einigen Stellen, die sich auf die letzten Lebensjahre beziehen, wird auf Zeugnisse einer Altersfreundschaft Bezug genommen, wie sie sich mit Jungs ehemaligem Kollegen an der Eidgenössischen Technischen Hochschule Zürich, Eugen Böhler, ergeben hat.[4]

Zur Annäherung

Die Natur verlangt vom Apfelbaum, dass er Äpfel trägt, vom Birnbaum, dass er Birnen trägt. Von mir verlangt die Natur, dass ich einfach Mensch bin. Allerdings ein Mensch, der sich seiner selbst bewusst ist und weiß, was er tut. Gott sucht die Bewusstheit im Menschen. Das ist die Wahrheit über die Geburt und Auferstehung Christi in uns. Dies ist die geistige Wiedergeburt der Welt, was mehr und mehr denkende Menschen erkennen. Christus ist der Logos, ist der Geist, ist die Erkenntnis, die Licht in die Finsternis bringt. Christus war eine neue Wahrheit über den Menschen[5].

Wie Jung hier einem amerikanischen Journalisten am 21. April 1934 schreibt, sind diese Sätze in einem Interview enthalten, das er im „Cosmopolitan Magazine“ gegeben habe. Bereits damals ging es um die Frage, ob die Menschheit heute an der Schwelle zu einer geistigen Wiedergeburt stehe; – eine Frage, die lange vor Anbruch der späteren „New Age“-Bewegung gegen Ende des 20. Jahrhunderts[6] oder vor der Diskussion von der angeblichen Herankunft des „Wassermann-Zeitalters“ gestellt wurde.

Jungs leise, aber doch bestimmte Ablehnung, die sich aus dem Kontext ergibt, besagt: Um sich nicht in Spekulationen zu verlaufen, sondern um vielmehr konkret zu sein, komme es weder auf „die Welt“ noch auf „die Menschheit“ an. Die gebe es in gewisser Hinsicht im Grunde gar nicht. Bestenfalls handle sich dabei um ein bloßes Wort. Um so nachdrücklicher appelliert er an seine Zeitgenossen und bezieht sich selbst mit ein. Deshalb: „Seien wir, was Gott will, dass wir sind; sorgen wir uns nicht um die

‚Menschheit'. Wir vermeiden sonst, das zu sehen, was wirklich ist – das Selbst."

Daran anknüpfend verweist er an anderer Stelle auf die damit zusammenhängende Symbolik der menschlichen wie der menschheitlichen Ganzwerdung, das heißt der Individuation als Ausdruck der Selbst-Werdung, die sowohl individuelle wie kollektive Züge trägt:

> *Das Viereck im Kreis oder der Kreis im Viereck (das Mandala). – Es ist ein uraltes Symbol, welches bis auf die Vorgeschichte des Menschen zurückgeht. Man findet es überall auf der Welt, und in ihm kommt entweder die Gottheit oder das Selbst zum Ausdruck. Diese beiden Begriffe sind psychologisch sehr eng miteinander verbunden – was nicht heißen will, dass ich Gott als das Selbst oder das Selbst als Gott verstehe. Ich stelle nur fest, dass eine psychologische Beziehung zwischen beiden besteht, wofür es eine Fülle von Beispielen gibt. – Das Mandala ist ein sehr wichtiger Archetyp. Es ist der Archetyp der inneren Ordnung, und er wird in diesem Sinne gebraucht, sei es, um die vielen Aspekte des Universums sinnvoll anzuordnen und ein Weltschema unserer Psyche herzustellen. Es verbildlicht die Tatsache, dass es eine Mitte gibt und eine Peripherie, und es versucht, das Ganze zu erfassen. Es ist das Symbol der Ganzheit.*[7]

Abgesehen von der Tatsache, dass Jungs Bezeichnung „Selbst" zu den ständig gebrauchten Leitbegriffen der Analytischen Psychologie gehört, variiert die deutende Beschreibung derartiger Bezeichnungen je nach Interessenlage, Ausgangssituation und Fragestellung der betreffenden Briefpartner. So kommt Jung unter anderem auf die Schwierigkeit zu sprechen, die sich aus dem Zusammentreffen naturwissenschaftlicher und erkenntniskritisch eingestellter Gesprächspartner ergeben. Dem Theologen und Religionswissenschaftler Gebhard Frei gegenüber, dem er bei dieser Gelegenheit eine zutreffende Darstellung seiner Auffassungen bestätigt, schreibt er hierzu (1948):

> *Was das Selbst betrifft, so könnte ich sagen, es sei ein Äquivalent Gottes. Für den theologischen Geist ist so etwas unbedingt aufregend, denn es wird damit anscheinend ein „Gottesersatz" geschaffen. Diese Auffassung erscheint dem psychologischen Standpunkt dermaßen absurd, dass er sich scheuen würde, jemandem eine solche Dummheit zuzutrauen. Für ihn nämlich heißt es folgendermaßen: Wenn ich „Gott" sage, so ist dies ein psychisches Bild. Ebenso ist das Selbst ein psychisches Bild der transzendenten, weil unbeschreiblichen unerfassbaren Ganzheit des Menschen. Beide Typen sind durch dieselben oder ähnliche Symbole empirisch ausgedrückt, sodass sie nicht voneinander unterschieden werden können. Die Psychologie beschäftigt sich einzig und allein mit erfahrbaren Bildern, deren Beschaffenheit und biologisches Verhalten sie (mit vergleichender Methode) erforscht. Das hat mit Gott an sich gar nichts zu tun. Wie könnte ein Mensch in seinen gesunden Sinnen sich einbilden, er könnte von Gott etwas wegnehmen oder Ihm etwas hinzutun? [...] Ich bin doch nicht geisteskrank, dass man mir zumuten kann, ich könnte beabsichtigen, einen Gottesersatz zu schaffen. (Br II, 107 f)*

Diesem und anderen Missverständnissen hatte Jung wieder und wieder klärend entgegenzutreten, so beispielsweise auch im Gedankenaustausch mit der einst (1953) in Basel tätigen evangelischen Theologin Dorothee Hoch. Ihr hatte er deutlich zu machen versucht, dass das Selbst per definitionem eine transzendente Größe darstelle, mit welcher das empirische, das alltägliche

Ich konfrontiert ist. Dass beide Positionen nicht miteinander verwechselt oder miteinander identifiziert werden dürfen, wird schon deutlich, wenn von „Selbst-Verwirklichung“ gesprochen wird und man darunter eine egomane Durchsetzung des Ich missversteht.

> *Es ist ein totales Missverständnis (und das Gegenteil von dem, was ich immer betont habe), nämlich dass das Selbst eine „Konzentration auf das Mich sei“. Das ist es eben gerade nicht. Was immer das schließliche Schicksal des Selbst ist (wozu die christlichen Mystiker auch etwas zu sagen haben), so bedeutet es auf alle Fälle zuerst das Ende des Ich. Sie sagen ja selber [...] Christus sei „das Selbst aller Selbste“. Das ist die korrekte Definition des Selbst und will bedeuten: wie Christus auf alle einzelnen, so sind auch alle einzelnen auf Christus bezogen. Jedes Selbst hat die Eigenschaft, zum „Selbst aller Selbste“ zu gehören, und das Selbst aller Selbste besteht aus den einzelnen Selbsten. Der psychologische Begriff stimmt damit restlos überein. (Br II, 330)*

Es waren nicht gerade die verständigsten Interpreten oder Kritiker des Küsnachter Psychologen, die ihn bald den Theologen, bald den Gnostikern oder Mystikern zuzurechnen suchten. Deshalb wurde er nicht müde zu differenzieren. Wie aus dem Gesagten ersichtlich, konnte es keinesfalls seine Sache sein, theologische oder Glaubensaussagen zu machen, auch nicht unter Zuhilfenahme psychologischer Begriffe. Außerdem war ihm hinreichend bekannt, dass die Bezeichnung „Mystiker“, vor allem „Gnostiker“, aus der Feder eines Theologen eher als prinzipielle Ablehnung und Geringschätzung verstanden werden kann.

So gesehen macht es Sinn, jene Selbstaussage zu wiederholen, die Jung Georg Gerster, einem Zürcher Journalisten der Schweizer Wochenzeitung „Die Weltwoche“, gegenüber gemacht hat, um seine Position in einer allgemein verständlichen Weise zu bestimmen:

> *Ich bin ein Arzt, der es mit der Krankheit des Menschen und seiner Zeit zu tun hat und auf Heilmittel bedacht ist, die der Wirklichkeit des Leidens entsprechen. Psychopathologische Untersuchungen haben mich veranlasst, historische Symbole und Figuren aus dem Staub ihrer Gräber zu erwecken. Ich habe gesehen, dass es nicht genügt, meinen Patienten Symptome wegzukurieren [...]. Wir brauchen nicht so sehr Ideale als ein wenig Weisheit und Introspektion, eine sorgfältigere religiöse Berücksichtigung der Erfahrungen aus dem Unbewussten. Ich sage absichtlich: religiös, weil mir scheint, dass diese Erfahrungen, die dazu helfen, das Leben gesunder oder schöner zu machen oder vollständiger oder sinnvoller zu gestalten, für einen selbst oder für die, die man liebt, genügen, um zu bekennen: es war eine Gnade Gottes*[8].

Das besagt wohl, dass Jung in Übereinstimmung mit der christlichen Ethik gleich welcher Konfession unter dem „Religiösen" das versteht, was die in die Tat umgesetzte Menschenliebe ausmacht, auch wenn sie nicht immer ausdrücklich als solche deklariert zu werden pflegt. Und doch gehört dazu das ärztliche und das psychotherapeutische Handeln. Es hat mit dem Ziel zu geschehen, der Gesundheit wie der Sinnfindung zu dienen, auf der individuellen wie auf der kollektiven und gesellschaftlichen Ebene, und zwar völlig unabhängig von weltanschaulichen oder konfessionellen Bezügen.

Gemeint ist lediglich der Mensch, der des helfenden Menschen bedarf. Und bei Menschen, von denen Jung wissen konnte, wie er als Arzt und Forscher einzuschätzen sei, dem vertraute er gar nicht so selten an, wie bedeutsam die religiöse Dimension in seinem

Leben gewesen ist. Da wird es nicht wundernehmen, wenn er sich in seinen Äußerungen dann und wann wiederholte. Dass er – der Sohn eines reformierten Pfarrers – sich durch eine genormte Religion, wie sie die geschichtlich bedingte Praxis bietet, nicht einengen oder beeinflussen lassen durfte, stand für ihn außer Frage.

Nicht allein die Tradition, die er sehr wohl achtete, sondern was sich der inneren Wahrnehmung jetzt und hier ergibt, erweckte sein fortdauerndes Interesse. Er tat dies als einer, der immer wieder mit Genugtuung feststellte, dass er nicht als „Mystiker" oder „Gnostiker", sondern als Empiriker verstanden wurde. Seine positive Einschätzung mystischer Erfahrung stand dennoch außer Frage. So etwa, wenn er Norbert Drewitt, einem englischen Ordensmann, (1937) schrieb:

> *Offenbar verstehen Sie, dass ich kein Mystiker, sondern Empiriker bin; das hat mich besonders befriedigt. Allerdings war ein lebendiges Interesse für Religion und religiöse Wahrheit wegleitend bei meinen Forschungen. Meine besondere Wissbegier galt immer der Frage: Was erschafft der menschliche Geist als eine natürliche, spontane Funktion, wenn er unbeeinflusst bleibt? Ein solches Problem stellt sich natürlich nur nach vollem Verzicht auf jede traditionelle Wahrheit, einerlei wie wahr sie sei. Alle meine Feststellungen beruhen auf Erfahrungen, und nichts, was ich sage, soll einer bestehenden Wahrheit widersprechen oder sie verteidigen. Ich versuche lediglich das auszudrücken, was ich gesehen zu haben glaube.*
>
> *Mit meinen Erklärungsversuchen beabsichtige ich nie, etwas wegzuerklären, zu empfehlen oder anzuraten; ihr einziges Ziel ist, eine bestimmte Art Erfahrung allgemein und menschlich verstehbar zu machen. (Br I, 301 f.)*

Dass Jung nicht zu denen gehörte, die aus ihrem Herzen eine Mördergrube machte, ist bekannt. So zögerte er jedenfalls nicht, wo immer er es für geraten hielt, Klartext zu reden, wenn es galt zu sagen, was ihm am kirchlichen Leben widersprüchlich erschien. Er tat es, wenn man denen „katholisierende Tendenzen" unterstellte, die für die kirchliche Einheit (Una Sancta Catholica) eintraten, wie es dem an Psychotherapie interessierten Hamburger Pastor und späteren Theologieprofessor Walter Uhsadel geschah. Ihm gegenüber gestand Jung (1938) seine Verwunderung, wie wenig „diesen Leuten" die jeweils praktizierte Ökumene tatsächlich am Herzen liegt, wiewohl sie davon sprechen. Dass etwaige römische Alleinvertretungsansprüche mit der von Jung und anderen verstandenen Katholizität nicht zu verwechseln sind, bedarf keiner besonderen Hervorhebung:

> *Ich kann mir unter Kirchen, deren Hauptmotiv die Trennung ist, schlechterdings nichts Christliches vorstellen. Ich finde im Gegenteil, dass die „katholisierenden Tendenzen" eigentlich ein Kompliment seien, denn sie weisen auf eine Bestrebung hin, die geistige Einheit herzustellen, wo menschlicher Hader Uneinssein stiftet. Schon die bloße Lektüre der liturgischen Ordnung hat etwas sehr Befriedigendes an sich, indem die unpersönliche Institution der Kirche und deren Handeln gegenüber dem rein Persönlichen des gewöhnlichen protestantischen Betriebes gebührend hervorgehoben wird. (Br I, 311)*

Jung wurde nicht müde, seinen verschiedenen Fragestellern unter immer neuen Gesichtspunkten darzulegen, aus welcher Motivation heraus er arbeite und inwiefern er sich von den Denkansätzen anderer unterscheide.

Die Tatsache, dass er Psychologie vor einem tiefen, auch andere Disziplinen einbeziehenden Horizont betrieb, erweckte bei nicht wenigen den Eindruck, dass er allzu oft über den Zaun seiner Disziplin schaue oder bisweilen sein Arbeitsfeld illegitimerweise verlasse. So sah er sich veranlasst, hie und da so etwas wie ein spezielles Credo abzulegen.

Immer wieder hatte der Empiriker Jung darauf hinzuweisen, dass es in der Regel nachprüfbare Tatsachen seien, die er psychologisch zu beleuchten hatte. Vor allem, dass er Wissenschaft treibe, aber weder theologische oder philosophische Thesen verkünde, dass er weder das Talent zum Religionsstifter habe, noch für oder gegen eine Glaubensrichtung theoretisiere. Einen Zürcher Landsmann ließ er (1944) um der erforderlichen Klarstellung beispielsweise wissen:

> *Mein Interesse ist ein wissenschaftliches und das Ihrige ein konfessionelles; darum schreiben Sie eine Apologie der katholischen Lehre, die ich nie angegriffen habe und die ich auch nicht angreifen möchte. Diese beiden Standpunkte sind schlechthin inkommensurabel, weshalb auch eine Diskussion unmöglich ist. Man redet aneinander vorbei und rennt offene Türen ein. Als Wissenschaftler muss ich mich hüten zu glauben, dass ich im Besitze einer endgültigen Wahrheit sei. Der Gläubige hingegen hat diese Wahrheit […].*
>
> *Als Christ stehe ich selbstverständlich auf dem Boden der christlichen Wahrheit; es ist also überflüssig, mich dazu bekehren zu wollen. Ich bleibe in meiner Darstellung selbstredend unterhalb der Höhe jedes religiösen Systems, denn ich gehe jeweils nur so weit, als es mir die erfahrbaren psychologischen Tatsachen erlauben. Br I, 429*

Weil er sich als Arzt versteht, dem aufgetragen ist, die jeweiligen inneren Wunden zu behandeln, an denen Menschen leiden, deshalb müsse er jede Versteifung auf konfessionalistische Standpunkte als Ursache ansehen, die die Spaltungserscheinungen (Schismen) unserer Zeit nur noch vergrößern. Im Übrigen wundere er sich, dass man seine Bücher nicht gewissenhaft liest und dass man nicht sieht, dass er jenes Tatsachenmaterial zusammentrage, das man einmal bitter nötig haben werde. Wie fremd ihm konfessionalistische Engführungen sind, wird immer wieder deutlich, und zwar nicht allein in brieflichen Meinungsäußerungen.

> *Ich gehe aus von einem positiven Christentum, das ebenso katholisch wie protestantisch ist, und ich bemühe mich, in wissenschaftlich verantwortlicher Weise jene empirisch fassbaren Tatsachen aufzuzeigen, welche die Berechtigung des christlichen und speziell des katholischen Dogmas zum Mindesten wahrscheinlich machen [...].*
>
> *Haben Sie nicht bemerkt, dass ich keineswegs für kirchliche Kreise schreibe, sondern für jene, die extra ecclesiam (außerhalb der Kirche) stehen? Zu diesen geselle ich mich absichtlich und mit freiem Willen außerhalb der Kirche [...].*
>
> *Wie ich mich auf die Tatsachen beschränke, so muss sich auch eine angemessene Kritik, die gehört zu werden verdient, ebenfalls mit diesen Tatsachen beschäftigen. (Br I, 433)*

Im Austausch mit Sigmund Freud

Bedenkt man, mit welchem Argwohn Sigmund Freud schon vom Ansatz her dem religiösen Leben in seinen Schriften zur Religionspsychologie und Kulturtheorie gegenübertrat[9], dann konnte der Dissenz zwischen den beiden Gründergestalten der Psychoanalyse nicht lange ausbleiben, so sehr und solange er bestrebt war, der ihm, C. G. Jung, zugedachten Rolle eines „Kronprinzen" zu entsprechen.

Wie einem Brief von 1910 an Freud zu entnehmen ist, dachte Jung für die damals noch im Werden begriffene Psychoanalyse über allerlei religionspsychologische Konzepte nach. Wie man dem folgenden Text entnehmen kann, ist zu diesem Zeitpunkt die Distanz zu Jungs späterer Einschätzung des Christentums als Weg zur Selbst-Werdung noch beträchtlich. Immerhin signalisiert er Offenheit für eine Entwicklung noch zu gewinnender Einsichten. Da heißt es etwa:

> *Ich denke, man müsse der Psychoanalyse noch Zeit lassen, von vielen Zentren aus die Völker zu infiltrieren, beim Intellektuellen den Sinn fürs Symbolische und Mythische wiederbeleben, den Christum sachte in den weissagenden Gott der Rebe, der er war[10], zurückzuverwandeln, und so jene ekstatischen Triebkräfte des Christentums aufzusaugen, alles zu dem einen Ende, den Kultus und den heiligen Mythos zu dem zu machen, was sie waren, nämlich zum trunkenen Freudenfeste, wo der Mensch in Ethos und Heiligkeit Tier sein darf (!). Das war ja die große Schönheit und Zweckmäßigkeit antiker Religion, die aus Gott weiß, was für temporäre biologische Bedürfnisse zum Jammerinstitut geworden ist.*

> *Wie unendlich viel Wonne und Wollust liegt doch in unserer Religion bereit, wieder ihrer eigentlichen Bestimmung zugeführt zu werden! Eine echte und rechte ethische Entwicklung kann das Christentum nicht lassen, sondern muss in ihm emporwachsen, muss seinen Hymnus der Liebe, den Schmerz und das Entzücken über den sterbenden und wiedererstehenden Gott, die mystische Kraft des Weines und die anthropophagischen Schauer des Abendmahles zur Vollendung führen – nur diese ethische Entwicklung macht sich die Lebenskräfte der Religion dienstbar. (Br I, 38)*

Wie bekannt, erfolgte binnen weniger Jahre aufgrund prinzipieller Unterschiede in der Bewertung und Deutung seelischer Phänomene der Bruch mit Freud und der von ihm dominierten psychoanalytischen Bewegung[11].

Jung lag daran, auf dem Gebiet der Symbolik – freilich anders als Freud – tiefenpsychologisch weiterzuarbeiten, weil sich auf dem Gebiet „der Erforschung der verschiedenen Mythen und Religionen“ ein weites Feld eröffne (Br I, 52). Zu bedenken ist dabei, dass es sich hier um die Zeit seiner tief gehenden Persönlichkeitskrise (etwa 1912 ff.) handelt, während der Jung eine Auseinandersetzung mit seinem in Wallung geratenen Unbewussten zu bestehen hatte und er mit Freud nicht mehr zusammenarbeiten wollte und konnte (vgl. Br. I, 50)[12]

Das damals in seinem Entstehen begriffene geheimnisvolle, von ihm selbst künstlerisch gestaltete „Rote Buch“ dokumentiert nicht nur Inhalte seiner Träume und Visionen[13]. Es ist auch ein Beleg für seine eingehende Beschäftigung mit dem frühchristlichen Gnostizismus, ehe er die Symbolik der Alchemie in der bekannten Weise in seine psychotherapeutische Erforschung einbeziehen konnte[14]. Grund und Anlass für Jungs Entfernung von

Sigmund Freud ist verständlicherweise in einem größeren sachlichen wie schicksalsmäßigen Kontext zu betrachten:

> *Es ist richtig: Der Grund, weshalb ich meine Zusammenarbeit mit Freud nicht fortsetzen konnte, war, dass alles in seiner reduktiv, persönlich und unter dem Gesichtspunkt der Verdrängung gesehen wurde. Was mir besonders unmöglich schien, war Freuds Behandlung der Träume: Sie kam mir wie eine Verbiegung der Tatsachen vor. Die unmittelbare Ursache meiner Ablehnung lag darin, dass Freud in einer Publikation die Methode mit seiner Theorie identifizierte; das schien mir unzulässig, weil ich davon überzeugt bin, dass man eine wissenschaftliche Methode anwenden kann, ohne an eine bestimmte Theorie zu glauben. Die durch die Methode erzielten Resultate können sehr verschieden interpretiert werden [...].*
>
> *Wenn Sie Freuds Schrift „Die Zukunft einer Illusion" aufmerksam lesen, sehen Sie die Resultate. Die Freudsche Psychologie reicht in ein Gebiet, das einfach nicht auf Freudsche Prämissen reduziert werden kann, wenn man die Fakten vorurteilslos untersucht. (Br I, 270 f.)*

Wie schon die Herausgeber der Briefe zu dieser Stelle anmerken, bezieht sich dies auf das kollektive und damit überpersönliche Unbewusste, dessen Inhalte zum Teil numinoser Natur sind. Sie können nicht mehr – wie diejenigen des persönlichen Unbewussten – auf reduktive Weise, beispielsweise als Verdrängung, gedeutet werden[15].

Unabhängig davon, dass Jung bis in sein hohes Alter hinein nach seiner Beziehung zu Freud befragt wurde, hatte er auch noch während seiner letzten Lebensjahre Anlass, Freuds Einschätzung der Religion im Unterschied zu seiner eigenen Bewertung zu betrachten, ohne freilich dessen außerordentliche Pionierleistung auf dem Feld der Seelenforschung je gering zu schätzen. Einen amerikanischen Theologen ließ er wissen:

> *Historische Tatsache ist, dass Freuds Einstellung gegenüber jeder Religion negativ war, ganz abgesehen davon, dass er das in seiner Abhandlung über dieses Thema*[16] *selbst gesagt hat. Religiöser Glaube bedeutete für ihn wirklich eine Illusion. Ob diese Illusion auf ein objektives wissenschaftliches Argument zurückzuführen ist oder auf einem persönlichen Vorurteil beruht, tut nichts zur Sache, sobald es um die Frage von Tatsachen geht. Freuds negative Einstellung bildete einen der Streitpunkte zwischen uns. Er war unfähig, etwas anzuerkennen, das über den Horizont seines wissenschaftlichen Materialismus hinausging, sowohl in Bezug auf den jüdischen oder christlichen oder irgendeinen anderen Glauben. Es gelang mir nicht, ihm zu zeigen, dass sein Standpunkt unwissenschaftlich und präjudiziert war und dass seine Religionsauffassung auf vorgefassten Meinungen beruhte [...].*
>
> *Natürlich nahm er an, dass meine positiveren Gedanken über Religion und deren Bedeutung für unsere psychisches Leben nur auf meinen unrealisierten Widerständen gegen meinen Pfarrer-Vater beruhten, während in Wirklichkeit mein Problem und mein persönliches Vorurteil niemals bei meinem Vater lagen, sondern ganz ausgesprochen bei meiner Mutter [...].*

Von jeher hat es mich gewundert, dass gerade Theologen sich so oft für die Theorie Freuds begeistern, denn es gibt kaum etwas, das ihrem angeblichen Glauben feindlicher gegenüberstünde. Diese seltsame Tatsache gab mir viel zu denken. (Br III, 21 f.)

So gründlich sich Jung von Freudschen Anschauungen wie denen zu religiösen Erscheinungen abgesetzt hat, dessen Wert und Bedeutung hat er niemals infrage gestellt. So widersprach er auch einer deutschen Ärztin (1957), die sich mit der Rolle von Freuds jüdischer Abstammung im Blick auf die Psychoanalyse beschäftigte und offensichtlich geneigt war, rassentheoretische Gesichtspunkte zur Geltung zu bringen. Aber Jung, dem man mit Blick auf die NS-Zeit derlei Sichtweisen bisweilen unterstellte, widersprach ausdrücklich. Er tat dies mit dem Hinweis: Rassentheorie und dergleichen wären eine höchst ungenügende Grundlage, ganz abgesehen von der Unzulänglichkeit solcher Spekulationen. Zu einem wirklichen Verständnis des jüdischen Anteils der freudschen Betrachtungsweise wäre eine gründliche Kenntnis der spezifisch jüdischen Voraussetzungen in historischer, kultureller und religiöser Hinsicht nötig. Da es bei Freud im Grunde genommen um einen höchst ernsthaften weltanschaulichen Versuch geht, so müsste ein entsprechend tiefer Vorstoß gemacht werden in Bezug auf die jüdische Geistesgeschichte.

Jung räumt in diesem Zusammenhang ein: Was ihn selbst betrifft, so hätte er sich der Aufgabe einer tief gehenden Interpretation der zu befragenden religions- und geistesgeschichtlichen Quellen des Judentums zu widmen. Eine derartige Unternehmung wäre ihm nach eigener Einschätzung nur in Kollaboration mit einem jüdischen Gelehrten möglich. Darüber hinaus hatte er im Blick auf sein eigenes Schaffen festzuhalten:

Trotz der eklatanten Verkennung, die ich vonseiten Freuds erfahren habe, kann ich seine Bedeutung als Kulturkritiker und Pionier auf dem Gebiete der Psychologie, auch angesichts meines Ressentiments, nicht verkennen. Eine richtige Bewertung des Freudschen Versuches reicht in Gebiete, die nicht nur den Juden, sondern den europäischen Menschen überhaupt angehen, Gebiete, die ich in meinen Arbeiten zu erhellen versucht habe. Ohne Freudsche „Psychoanalyse" hätte mir der Schlüssel überhaupt gefehlt. (Br III, 89 f.)

In anderem Zusammenhang hob Jung hervor, wie wichtig Freud für seine Theoriebildung gewesen sei, indem er die Negativseite des Menschseins, wenn nicht des Seins überhaupt, herausgestellt und bewusst gemacht habe.

Ohne Freuds Hervorhebung der dunklen Seite des Menschen und des Chaos seiner chthonischen Begierden hätte ich den Zugang zum „Mysterium Coniunctionis" nicht finden können. (Br III, 212)

Westlich-östliche Unterschiede

An mehreren Stellen seiner Briefe kommt Jung auf das Verhältnis von westlicher und östlicher Spiritualität zu sprechen, die ihn in verschiedenen Lebensabschnitten interessierten[17]. Dazu gab es mancherlei Anlass, beispielsweise immer dann und überall dort, wo er um eine Stellungnahme gebeten wurde, wie es um die Nutzbarkeit östlicher Praktiken stehe.

Weitere Gelegenheiten für eine eingehende Beschäftigung ergaben sich für ihn in Gestalt seiner Indienreise (1938) oder weil er um psychologische Kommentare östlicher Texte gebeten wurde, sei es zum „Tibetischen Buch der Großen Befreiung", zum „Tibetanischen Totenbuch" (Bardo Thödol), zum „Geheimnis der Goldenen Blüte" oder zu Heinrich Zimmers „Der Weg zum Selbst".[18]

Es war im Übrigen kein Zufall, dass Kenner der indischen wie der chinesischen Geisteswelt zu seinen ihm freundschaftlich verbundenen Kollegen gehörten. Das entsprach seiner Neigung zum interdisziplinären Gedankenaustausch. Der Schriftsteller Oskar A. H. Schmitz (1873-1931)hatte in einer seiner Veröffentlichungen[19] die Bedeutsamkeit des indischen Yoga herausgestellt, zu dem sich Jung ebenfalls, aber mit mancherlei Vorbehalten geäußert hat.

Was nun dessen Anschauung anlangt, so wird zu berücksichtigen sein, dass seine diesbezügliche Einschätzung aus den zwanziger, dreißiger oder vierziger Jahren seines Jahrhunderts der damaligen allgemeinen Situation Rechnung zu tragen hatte, als man noch relativ wenig Sachkenntnis, insbesondere wenig Erfahrung im Umgang mit östlicher Geistigkeit hatte. Seine Bedenken richteten sich auf das Problem, inwiefern die „abendländische Mentalität" – schon oder überhaupt – einer Übersetzung und Integration dessen gewachsen sei, was auf anderem Kulturboden in jahrhundertelangem Umgang entstanden und ins Lebensgefüge jener Menschen der östlichen Hemisphäre eingegangen ist. Seiner Meinung nach geschehe nicht selten eine bedenkenlose Übernahme weder „zu unserem Vorteil noch zum Vorteil jener Ideen".

Gedacht ist an die jeweils zugrunde liegende differierende bewusstseinsgeschichtliche Ausgangslage. Und die ist auch dann zu bedenken, wenn man berücksichtigt, wie viel westliche Lebensart, wie viel naturwissenschaftlich-technische Vorstellungen inzwischen in die asiatischen Kulturen eingedrungen sind, wo sie – im Zeichen der inzwischen eingetretenen und vorangeschrittenen Globalisierung – bis in weite Bereiche des öffentlichen Lebens längst eine dominante Rolle spielen.

Um einer zeitgemäßen Einschätzung dessen, was Jung über das Östliche geschrieben hat, wird man daher jeweils berücksichtigen müssen, aus welcher geschichtlich-kulturgeschichtlichen Situation, die mittlerweile eine neue Akzentuierung erfahren hat, seine Bewertungen stammen.

> *Denn was aus dem östlichen Geist hervorgegangen ist, gründet sich auf die eigenartige Geschichte jener Mentalität, die von der Unsrigen gründlichst verschieden ist. Jene Völker haben eine ununterbrochene Entwicklung erlebt vom primitiven Zustand der natürlichen Polydämonie zum Polytheismus in glanzvollster Entfaltung und dann darüber hinaus zur Ideenreligion, innerhalb welcher sich die ursprünglich magische Praxis zu einer Methode der Selbstvervollkommnung entwickeln konnte. Diese Voraussetzungen treffen für uns nicht zu. Die germanische Rasse*[20] *war, als sie vorgestern mit dem römischen Christentum zusammenstieß, noch im Ausgangszustand der Polydämonie mit Ansätzen zum Polytheismus [...].*

Wie die Wotanseichen, so wurden die Götter gefällt, und auf die Stümpfe wurde das inkongruente Christentum, entstanden aus einem Monotheismus auf weit höherer Kulturebene, aufgepfropft. (Br I, 61)

Mit anderen Worten: Jung hält auch hier eine unreflektierte Übernahme eines derartigen „fremden Gewächses" für einen Irrtum. Als Arzt sei er geradezu verdammt, seine eigenen Spekulationen „jeweils unter die Räder der Wirklichkeit zu legen". Daher sehe er sich „zum umgekehrten Weg gezwungen", den man etwa bei Hermann Graf Keyserling, seinem zeitweiligen Gesprächspartner, in dessen Darmstädter „Schule der Weisheit", erprobt hat. Heute würde sich Jung, was die Integrationsversuche östlicher Praktiken wie Yoga, Zen und dergleichen betrifft, vermutlich weniger distanziert äußern. Doch einstweilen gibt er zu bedenken:

Wir bedürfen zum Teil neuer Fundamente [...] nämlich eines neuen Gotteserlebnisses. Ich glaube nicht, dass dieses Ziel durch künstliche Exerzitien erreicht werden kann [...].

Der Mensch muss doch zuerst von Innen verändert werden, sonst assimiliert er einfach den neuen Stoff an das alte Schema [...].

Sollte man nicht eher Gott selber die Stimme lassen, trotz aller allzu begreiflichen Furcht vor dem Urerlebnis? Ich betrachte es als meine Aufgabe und Pflicht, meine Patienten und Schüler so zu erziehen, dass sie imstande sind, die unmittelbare Forderung, die in ihnen besteht, aufzunehmen. Dieser Weg ist so schwer, dass ich nicht sehen kann, wie das unerlässliche Erleiden des Weges durch irgendeine Prozedur ersetzt werden könnte. Ich habe mir durch das Studium frühchristlicher Schriften einen tiefen und unauslöschlichen Eindruck davon geholt, wie furchtbar ernst das Erleben Gottes ist. Es wird heute nicht anders sein. (Br I, 62)

Nach und nach verstärkte Jung sein Interesse an östlichem Denken, ohne freilich seine prinzipielle Position hinsichtlich seiner Vorstellung von der west-östlichen Polarität aufzugeben.

Die Begegnung und Zusammenarbeit mit dem Sinologen Richard Wilhelm (gest. 1930), sowie mit den Indologen und Religionswissenschaftlern Wilhelm Jakob Hauer oder Heinrich Zimmer, ferner auch der Austausch während der seit 1933 in Ascona am Lago Maggiore von ihm mitgestalteten Eranos-Tagungen dürften zur weiteren Klärung seiner Anschauungen beigetragen haben.

Dort begegnete er unter anderem dem rumänischen Religionshistoriker Mircea Eliade und dem Kenner der islamischen Mystik Henry Corbin. Einem Berliner Pfarrer gegenüber erläuterte Jung sein Vorgehen mit dem Hinweis, dass er, wie so oft hervorgehoben, in erster Linie als Empiriker, also nicht etwa als Theologe an die Frage westlicher und östlicher Mystik – einschließlich der Alchemie – herangeführt worden sei. Daher sein Hinweis:

Ich gründe mich zum Beispiel keineswegs auf das Tao oder auf irgendwelche Yoga-Techniken, sondern ich habe gefunden, dass die taoistische Philosophie sowohl wie der Yoga sehr viele Parallelen haben zu den seelischen Vorgängen, wie wir sie bei westlichen Menschen beobachten können. Ich lasse zum Beispiel niemanden Mandala-Bilder zeichnen oder kontemplieren, wie es der Yoga tut, sondern es ergibt sich, dass die Leute, insofern sie unvoreingenommen sind, ganz natürlicherweise zu diesen

Hilfsmitteln greifen, um sich im Chaos unbewusster Vorgänge, die ans Licht drängen, zu orientieren. (Br I, 252)

Was das Tao und die altchinesische Weisheit anlangt, so verhehlte Jung auch in seinen Briefen nicht, wie hoch er diese Traditionen einschätzte und weshalb er beispielsweise die Vertiefung in den I Ging empfahl. Von seinem Freund, dem Sinologen Richard Wilhelm (gestorben 1930) angeleitet, machte er selbst von diesem Orakel- und Weisheitsbuch Gebrauch, indem er es in bestimmten Situationen befragte. Seine Empfehlung verband er aber immer wieder mit dem Rat zu „äußerster Vorsicht" im Umgang mit dem östlichen Geistesgut. Einem ungenannten amerikanischen Adressaten schrieb er 1935:

Die Kunst und die Weisheit des I Ging sind etwas so Subtiles, dass es der verfeinerten und uralten Kultur östlicher Erziehung bedarf, um ihn wirklich zu verstehen. Die meisten modernen gebildeten Chinesen haben vom I Ging nicht mehr die leiseste Ahnung noch haben unsere Sinologen ein adäquates Verständnis. Was wir brauchen, ist eine psychologische Erziehung, durch die wir allmählich den I Ging begreifen. Aber ein Institut, das Weisheit austeilt, ist für mich der Gipfel des Grauens. Ich kenne genug Institute in Europa und in Amerika[21] *[...].*

Wenn ich nur etwas vom I Ging verstehe, muss ich sagen, es ist das Buch, das den Menschen über seinen eigenen Weg und dessen großen Wert unterrichtet. Nicht umsonst ist das Buch der geheime Schatz der Weisen gewesen. Vergleichen Sie den I Ging mit dem, was Konfuzius zu den Massen sagte, dann sehen Sie den Unterschied. Er war ein Weiser, der den I Ging benutzte; aber er lehrte ihn nicht. Er sprach die Sprache der Massen, weil er Freude am Lehren hatte. Lao-tse hatte keine Freude am Lehren. Bedenken Sie, was er sagte, und wie viele Menschen es gibt, die verstehen, was er sagte [...].

Ich habe nichts gegen einen ehrlichen Versuch, die Weisheit des I Ging westlichem Denken nahezubringen; aber es hat mit äußerster Vorsicht zu geschehen, um eine Flut gefährlicher Missverständnisse zu vermeiden [...].

Ich bin ein eifersüchtiger Liebhaber des I Ging und weiß, dass solche Dinge am besten gedeihen und sich auf natürliche Weise entfalten, solange sie nicht technisiert sind. (Br I, 258 f.)

Als Psychologe hatte Jung angesichts seiner Kommentierung fernöstlicher Texte immer wieder die Bewusstseinsfrage ins Spiel zu bringen, auch was die von ihm als Tatsache angegebene menschliche Begrenztheit betrifft. Die zeige sich, wenn der Versuch unternommen werde, die Natur der das Bewusstsein transzendierenden Psyche zu erkennen. Die sei eben unbekannt, weshalb man sie in angemessener Weise als „das Unbewusste" bezeichne. Aus dem gleichen Grund lehnte er das ab, was man nach angeblich östlicher Auffassung als „Überbewusstsein" ausgab[22].

Seine Ablehnung resultierte aus einer metaphysischen Annahme, und die war seine Sache nicht, weil ihm nur das westliche Bewusstsein als die einzig verfügbare Bewusstseinsart zur Verfügung stehe. Aus ähnlicher Erwägungen distanzierte er sich zu meditativen Übungswegen, die zum Zweck der Erlangung von „Erkenntnissen höherer Welten" beschritten werden[23]. Dem amerikanischen Tibetologen W. Y. Evans-Wentz (1878-1965) gegenüber, dessen „Tibetisches Buch der Großen Befreiung" und dessen „Tibetantisches Totenbuch" er zu kommentieren hatte[24], schrieb Jung (1938):

Natürlich würde ich vom Unbewussten nichts wissen, wenn nicht Teilinhalte mein Bewusstsein erreichten; doch zur Hauptsache ist mir diese Psyche durchaus unbewusst, wie mir auch ihr Ursprung unbekannt ist. Wir wissen von keinem Bewusstsein, das nicht auf Beziehung zwischen Bildern und einem Ego beruht [...].

Es gibt sogar Zustände einer Bewusstseinstrübung, in denen unser eigenes Ego ebenfalls verblasst und erlischt, doch sind auch diese Zustände ohne Zweifel psychisch. Aus solchen Erfahrungen können wir schließen, dass es eine unendlich große Zahl psychischer Aktivitäten gibt, die dem Ego nicht eigentlich bewusst sind oder die überhaupt ohne Ego verlaufen. (Br I, 315)

Jungs hohe Einschätzung des „Tibetanischen Totenbuchs" (Bardo Thödol) ist aus einer Anmerkung in seinem Kommentar ersichtlich:

Seit dem Jahre seines Erscheinens (1927) ist mir der Bardo Thödol sozusagen ein steter Begleiter gewesen, dem ich nicht nur viele Anregungen und Kenntnisse, sondern auch sehr wesentliche Einsichten verdanke. Unähnlich dem Ägyptischen Totenbuch, über das man nur allzu wenig oder allzu viel sagen kann, enthält der Bardo Thödol eine menschlich begreifbare Philosophie und spricht zum Menschen und nicht zu Göttern oder Primitiven. (GW XI, 551)

Was Jungs gelegentlichen Hinweis auf „neue Fundamente" und auf ein „neues Gotteserlebnis" betrifft, so verstand er darunter – jedenfalls zum fraglichen Zeitpunkt (1923) – keine conditio sine qua non, also keine sich geradezu aufdrängende religiöse Umwälzung, die weitverbreiteter Auffassung in absehbarer Zeit eintreten könne oder müsse. Das zeigt in einer konkreten Situation ein (1935) an einen württembergischen Pfarrer gerichteter Antwortbrief. Der Betreffende hatte unlängst Jungs im Eranos-Jahrbuch veröffentlichten Vortrag über „Die Archetypen des kollektiven Unbewussten"[25] gelesen. Darüber waren ihm Zweifel gekommen, ob er noch seiner bis dahin gültigen Berufung fürs geistliche Amt gewiss sein könne. Jung fand, gewiss zur Beruhigung des besorgten Theologen, dass er nicht etwa den Talar des Pfarrers an den Nagel hängen müsse, weil es weiterhin durchaus Sinn mache, seine pfarramtliche Aufgabe in gewohnter Weise zu erfüllen. [26]

Auf einem anderen Blatt steht freilich, wie Jungs Rat zwei oder drei Menschenalter später ausfallen könnte:

> *Das Christentum, so wie es unsere Väter uns hinterlassen haben, wird noch auf lange Zeit hinaus eine Notwendigkeit sein. Was Sie beschäftigt, steht nicht im Gegensatz zum Christentum, sondern es handelt sich um diejenigen Erfahrungen, die ein christlich eingestellter Mensch, dem es mit seiner Religion ernst ist, machen sollte – vorausgesetzt, dass er die dazu nötige Bestimmung in sich trägt. Weitaus die meisten Menschen können und sollen sich mit dem Christentum, wie es heute vorliegt, begnügen. Es sollte mich aber nicht wundern, wenn es unter denen, die mit der Fürsorge für die Gemeinde betraut sind, einige gäbe, welche den innern Sinn dessen, was sie tun, auch erfahren müssen. (Br I, 247)*

Gebotene Nüchternheit

Gegen Ende seiner Trennung von Freud (1912/13) hatte Jung einer Persönlichkeitskrise standzuhalten, zu deren Ertrag Elemente einer geistig-seelischen, von starken Erschütterungen begleiteten Urerfahrung gehörten, deren Wert er nicht hoch genug einschätzen konnte. Erst sie befähigten ihn, das ihm aufgetragene Werk, die Ausformung der Analytischen Psychologie und Therapie, zu erfüllen. So konnte nicht ausbleiben, dass ihm sehr bald von fachkundiger Seite die besondere Qualität seines Schaffens bestätigt wurde. Ganz abgesehen von den jeweils zu erwartenden kritischen Rückfragen[27], fehlte es nicht an Zustimmung und vielseitigen Würdigungen.

Solche Reaktionen spiegeln sich auch im Briefwechsel. Dass derlei Lobreden für den Betroffenen nicht immer nur förderlich sind, weil sie dem Ego schmeicheln, wenn sie nicht gar – im Extremfall – so etwas wie eine psychische Inflation auslösen, durfte Jung nicht außer Acht lassen. Jedenfalls war er nüchtern und geistesgegenwärtig genug, der Gefahr einer egomanen Selbstüberschätzung zu widerstehen.

Aus einer solchen nüchternen Einschätzung seiner Situation heraus ist ein an einen amerikanischen Kollegen gerichtetes Antwortschreiben formuliert, in dem er sich einerseits abwehrend äußert; andererseits ist er sich aber auch der tatsächlichen Bedeutung des von ihm Erkannten durchaus bewusst. Im Grunde steht er zu beidem, zum Licht wie zum Schatten, dessen er im Laufe seines erlebnisreichen Lebens erfahrend teilhaft geworden ist. Was Jung aus dem Gedankenaustausch heraus auf sich bezieht, kann naturgemäß allgemeine Gültigkeit beanspruchen:

Sagen Sie nicht zu viel positive Dinge. Ich muss aufpassen, dass mich der Größenwahn nicht hinwegreißt. Es ist so wichtig, der Erde nahe zu bleiben, denn der Geist strebt immer zum Himmel wie eine Flamme, zerstörend und erleuchtend. Ich anerkenne dankbar Ihre spontanen Reaktionen und sympathisiere mit Ihrer Begeisterung, weil ich zutiefst davon überzeugt bin, dass jene Gedanken, die mir kamen, ganz wunderbare Dinge sind. Das kann ich wohl sagen – ohne zu erröten –, denn ich weiß, wie sehr ich mich sträubte und wie närrisch und eigensinnig ich war, bis ich ihre symbolische, meinen dumpfen, bewussten Geist weit überlegene Sprache verstehen konnte. (Br I, 63 f.)

Zur realistischen Einschätzung der Lebenswirklichkeit gehört andererseits die Einsicht, dass die Momente der Hochgestimmtheit und des Erfolgs auch die unabweisbaren Zeiten der Seelenprüfung gehören. Sie verlangen trotz ihrer Widerständigkeit als zur menschlichen Realität gehörig bejaht und anerkannt zu werden, so naheliegend es oft sein mag, in einem selbst veranlagte Mängelerscheinungen und Probleme auf andere oder auf nicht selbst zu verantwortende Situationen zu projizieren.

Seiner amerikanischen Kollegin Frances Wickes, die sich offensichtlich über manch Schweres in Jungs Schicksal allzu fürsorglich gekümmert hat, versichert der Einundfünzigjährige:

Niemand ist ohne Leiden, solange er im chaotischen Strom des Lebens schwimmt. So kann ich nur wiederholen: machen Sie sich keine Sorgen um mich. Ich gehe meinen Weg und trage meine Bürde, so gut ich es vermag [...].

Sorgen Sie sich nicht über Dinge, mit denen ich allein fertig werden muss. Es gibt in meinem Leben keine Schwierigkeit, die ich nicht ganz und gar selber bin. Niemand soll mich tragen, solange ich auf eigenen Füßen stehen kann. – Wenn Sie über mich beunruhigt sind, dann sollten Sie sich fragen, was in Ihnen Sie beunruhigt, aber glauben Sie nicht, dass ich Sie beunruhige. Ich tue mein Bestes, mir selbst gewachsen zu sein. Das kann niemand an meiner Stelle tun. (Br I, 68)

Wie nicht anders zu erwarten, hatte Jung als Psychotherapeut wieder und wieder Anlass, sich über die Sinnhaftigkeit und die Unverzichtbarkeit des Leidens zu äußern.

Eine besondere Situation ergab sich für die Besprechung dieses Themas, als er auf Einladung der damaligen Britisch-Indischen Regierung 1938 nach Indien reiste. Spätestens dabei fiel ihm auf, wie unterschiedlich der indische Mensch aufgrund seines (u. a. buddhistischen) Orientiertseins bemüht ist, die Überwindung des Leidens anzustreben, und zwar offenbar in anderer Weise als einer, der der christlichen Tradition verpflichtet ist.

Im Jahr vor Antritt der Reise schrieb er einem prominenten Inder, dem Guru des Maharadscha von Mysore, dass es sich beim Streben der östlichen Philosophen, einen Weg des Glücks für die Menschheit zu finden, zwar um etwas Edles und damit Anerkennenswertes handle. Doch sei er nicht so optimistisch, an die tatsächliche Erfüllung einer solchen Aufgabe zu glauben. Lebenslang ist der Mensch auf dem Weg. Niemals dürfe man sich über dieses sein Menschsein, über seine Endlichkeit und Begrenztheit einer Täuschung hingeben.

Im Gegenteil: Ich glaube, dass das Leiden ein wesentlicher Bestandteil des menschlichen Lebens ist, ohne den wir niemals irgendetwas tun würden. Immer versuchen wir, dem Leiden auszuweichen. Wir tun das auf millionenfache Weise, aber nie gelingt es ganz. Deshalb bin ich zum Schluss gekommen, dass man tunlichst versuchen sollte, wenigstens einen Weg zu finden, der es den Menschen ermöglicht, das unausweichliche Leiden zu tragen, welches das Los einer jeden menschlichen Existenz ist. Wenn es jemand wenigstens erreicht, Leiden zu ertragen, hat er schon eine fast übermenschliche Aufgabe erfüllt. Das kann ihm ein gewisses Maß an Glück oder Befriedigung gewähren. Wenn Sie das als Glück bezeichnen, hätte ich nicht viel dagegen einzuwenden. (Br I, 299)

Nachdem Jung durch intensive Eindrücke bereichert aus Indien zurückgekehrt war, wo er seinen indischen Briefpartner getroffen hatte, nahm er nochmals dieses, sie beide interessierende Thema auf, indem er die unumgängliche Wechselbeziehung zwischen Glück und Leiden herausstellte. Sie sei Ausdruck der Lebensganzheit. Ja, sie stehe – bei nüchterner Betrachtung – für die Lebendigkeit des menschlichen Lebens als solches:

Das Phänomen des Lebens besteht aus sehr vielen Gegensatzpaaren. Keine Energie ohne Gegensätze. Aber insofern Sie an den Gegensätzen teilhaben, stehen Sie im Konflikt, oder doch in einem dauernden Auf und Ab von Qual und Freude. Natürlich möchte man sich aus dem Wirken der Gegensätze befreien, doch gelingt es nur bis zu einem gewissen Grad; denn sobald man sich dem Konflikt entzieht, weicht man dem Leben aus. So kann Befreiung nur sehr fragmentarisch sein. Sie kann im Aufbau eines Bewusstseins jenseits der Gegensätze liegen. Aber auch wenn der Kopf befreit wäre, bleiben die Füße gefesselt. Vollständige Befreiung bedeutet Tod. (Br I, 313)

So unabweisbar wie der Schatten heften sich die Probleme und Leiden verursachenden Gegensätze an die menschliche Existenz.

Sie konstellieren diese Existenz. Sie gehören somit zum lebenslangen Prozess der Selbst-Werdung (Individuation). In Anknüpfung an die alchemistische Symbolik sprach er vom „Opus“, dem jeweils aufgetragenen „Werk“.

Als er im August 1945, also wenige Monate nach Beendigung des Zweiten Weltkriegs, an Olga Fröbe-Kapteyn, der Initiatorin der alljährlichen Eranos-Tagungen nach Ascona schreibt, kommt er auf Fröbes spezielles „Opus“, die Gestaltung der Tagungen, zu sprechen. Sie hatte sich Rat suchend an den Freund und Seelenarzt gewandt.

Schwer lastete auf ihr eine zweifache Aufgabe. Zum einen war sie durch die in Schicksal tragender Zeit zum Problem gewordene Tagungsarbeit stark beansprucht; zum andern empfand die verwitwete Frau, dass sie fürchtete, als Mutter zweier Kinder, von denen eines behindert war, nicht gerecht zu werden.

In der Bedrängnis einer besonderen Pflichtenkollision hatte Jung so etwas wie einen Ausweg zu zeigen, das heißt: Er hatte ihr zunächst klar zu machen, was für die Lebenssituation vieler Menschen zutrifft und beachtet werden will. Mehr noch: Es gelte letztlich einzusehen, dass das Gegensätzliche, das als unvereinbar Angesehene letztlich in einem und für jeden Menschen veranlagt ist. Was liegt vor? Was ergibt sich daraus für den alltäglichen Vollzug?

> *Der eine Teil des Opus besteht in der Einsicht, der andere im Ertragen und der dritte im Handeln. Psychologie ist nur nötig im ersten Teil, im zweiten und dritten aber spielt die Moral die Hauptrolle. […]*
>
> *Das Eine muss sein, aber das Andere auch. Eine Entscheidung gibt es nicht, sondern nur ein geduldiges Ertragen der Gegensätze, die schließlich solche Ihrer eigenen Natur*

sind. Sie selber sind ein Gegensatz, der in sich selber und gegen sich selber wütet, um seine inkompatiblen Substanzen, das Männliche und das Weibliche, schließlich im Feuer des Leidens zu verschmelzen, und so das Feste und Unveränderliche zu bilden, welches das Ziel des Lebens ist. Jedermann geht durch diese Mühle, bewusst oder unbewusst, freiwillig oder gezwungen. Man ist zwischen den Gegensätzen gekreuzigt und der Qual ausgeliefert, bis das Dritte Gestalt gewinnt [...]

Der unerträglich scheinende Konflikt beweist die Richtigkeit Ihres Lebens. Denn ein Leben ohne inneren Widerspruch ist entweder erst das halbe Leben oder ein Leben im Jenseits, das aber nur für Engel bestimmt ist. Gott liebt aber die Menschen mehr als die Engel. (Br I, 463)

Bei anderer Gelegenheit wies Jung darauf hin, dass auch im christlichen Glauben verwurzelte Menschen an dem Schisma, das heißt an der großen Spaltung teilhaben, von der das Christentum in seiner Gesamtheit seit seiner Frühzeit betroffen ist. Darunter werden in der Kirchengeschichte die vielen Spaltungen verstanden, die aus Glaubensstreitigkeiten hervorgehen. Der Psychologe richtet seinen Blick aber im Besonderen auf die Spannungen und Scheidungen, die sich in der menschlichen Existenz ereignen und dort zu bewältigen sind.

An dieser Zerrissenheit sind wir alle gekreuzigt. Diese Tatsache ist mir an mir selber wie an meinen Mitmenschen, unter denen sich sehr positive Christen befinden, bekannt und bewusst [...].

> *Selbst dem Christen Paulus schlug ein gewalttätiger Saulus als Satansengel ins Gesicht (2. Kor. 12, 7). Diesem Kampf sollte man wohl nicht in eine vorzeitige und antizipierte Erlöstheit ausweichen, sonst erregt man Streit außen. Und das ist von Übel. (Br I, 437)*

Einmal erinnert er an jenes Wort Meister Eckharts, wonach das Leiden das „schnellste Ross zur Vollkommenheit" sei, und fügt hinzu:

> *Das Heil höherer Bewusstheit ist die genugtuende Antwort auf das Leiden, das sonst sinnlos und daher unerträglich bleiben würde. Das Leiden der unvollendet gelassenen Schöpfung kann durch die Offenbarung des guten Gotteswillens im Menschen zwar nicht aufgehoben, aber doch gelindert und sinnvoll gemacht werden. (Br III, 38)*

Gewiss war Jung in seiner Rolle als Arzt bestrebt, in seinen Briefen von Leiden behafteten Menschen ein helfendes Wort zu schreiben. Einer so nahestehenden, für das Gelingen seines Werks so wichtigen Mitarbeiterin wie Aniela Jaffé konnte der Zweiundachtzigjährige schließlich seine eigene Ratlosigkeit gestehen und es im Wesentlichen bei existenziellen Fragen belassen, etwa:

> *Warum das Leiden? Warum die Qual des Sterbens? Warum hat alles Gute so große Mühe, in Erscheinung zu treten? Warum die schmerzhafte Trennung von den Toten? – Gelegentlich bricht etwas von Güte durch [...]. (Br III, 146)*

Wie steht es aber mit der Angst, die den Menschen lebenslang heimsucht, die ihn unsicher macht und gegebenenfalls hindert, lebenswichtige Entscheidungen zu treffen? Gibt es so etwas wie eine „religiöse Überwindung der Angst“?

Von theologischer Seite lernte Jung verschiedene Veröffentlichungen kennen, die diese Frage bejahten oder zumindest relativierten. Als er von dem Berner Pfarrer Fritz Buri 1945 hierzu eine Schrift erhält[28], sieht er sich veranlasst, eine lapidare Antwort zu geben, die nicht als religiöser oder verbindlicher Glaubenssatz, sondern als eine psychologisch zu erwägende These verstanden werden soll. In seinem Antwortbrief bringt er zum Ausdruck, dass er als Psychotherapeut seine Patienten keineswegs von der Angst befreien wolle, sofern er dazu überhaupt in der Lage wäre. Er müsse die Angst vielmehr bis auf den Grund ihrer Ursache führen, um deren für das Menschsein des Menschen gültige Sinngebung einsichtig zu machen. Damit wäre einmal mehr angedeutet, wie das Negative, das Belastende letztlich zur Lebensganzheit gehöre. Ohne das Nein, wäre das Ja ohne Kraft.

Die Angst ist eine Grundreaktion der Natur [...].

Ein Mensch, der keine Angst mehr hat, steht am Rande des Abgrunds. Man kann den Menschen nur von einem pathologischen Übermaß an Angst ohne Schaden heilen [...].

Ein Mensch ohne Angst ist ein Übermensch. Ich liebe die Übermenschen nicht. Sie sind nicht einmal liebenswert. Wenn Christus in Gethsemane keine Angst hatte, dann ist seine Passion null und nichtig [...].

Versteht mein Patient die religiöse Sprache, so sage ich ihm: Versuche ja nicht, dieser Angst, die Gott dir gegeben hat, zu entgehen, sondern versuche sie bis aufs Letzte zu ertragen – sine poena nulla gratia (ohne Leiden oder Strafe keine Gnade) [...].

Der Religiöse nennt diesen absconditum (d. h. den verborgenen) Gott; der wissenschaftliche Intellekt heißt ihn das Unbewusste. (Br I, 492 f.)

Das Symbol im religiösen Erlebnis

In dem von ihm erwähnten Bestreben, „sich selbst gewachsen zu sein“, das heißt: sich weder zu überschätzen noch abzuwerten, hatte sich Jung an das religiöse oder religiös einzuschätzende Erlebnis zu halten, das im Symbol seinen Ausdruck findet. Und zwar hatte er sich schon um dessen Unmittelbarkeit willen daran zu orientieren, mit der das spirituelle Erlebnis sich hin und wieder beim fragenden, suchenden Menschen einstellt, – beim Therapeuten ebenso wie bei seinen seelisch erkrankten Patienten.

> *Alles bei mir ist aus der unmittelbaren Erfahrung an seelisch Kranken oder „Suchenden“ hervorgegangen. Symbol ist für mich der sinnlich wahrnehmbare Ausdruck für ein innerliches Erlebnis. Das religiöse Erlebnis drängt nach Ausdruck und kann nur symbolisch ausgedrückt werden, da es den Verstand übersteigt. Es muss so oder so ausgedrückt werden, denn darin offenbart es seine ihm innewohnende Lebenskraft. Es will sozusagen ins sichtbare Leben übertreten, konkrete Gestalt gewinnen. Der Geist beweist seine wirkende Kraft nur in der Umgestaltung des Stoffes. (Br I, 85 f.)*

Aus dem Zusammenhang des Briefs geht hervor, inwiefern das Symbol von dem bisweilen verwechselten Idol zu unterscheiden sei. Demnach stelle das für magische Zwecke verwendete Idol ein erstarrtes Symbol dar. Es fehle ihm die gegenwärtige Lebendigkeit. Es vermöge zwar eine faszinierende Wirkung auszuüben, solange es jene Schichten des Unbewussten anrührt, aus denen das bei anderen entstand. Daraus ergibt sich, dass das Idol zu bloßer unbewusster Wiedererinnerung diene. Seine Wirkungsrichtung sei daher aber der des Symbols entgegengesetzt. Es vermag nicht jene durch erlebnishafte Vergegenwärtigung getragene Bereicherung des Bewusstseins zu erfüllen, wie sie durch ein echtes Symbol Mal um Mal zum Ereignis wird[29].

Zur Veranschaulichung seines Gedankengangs verweist Jung auf die christliche Eucharistie, das heilige Abendmahl, bei dem der Meister ein „Machtwort" spricht, etwa: „Ich gebe mich euch, mein Fleisch und Blut, mein Leben." Die Sache des Jüngers, der Jüngerin ist es, dieses Lebensgut mit seinem, ihrem eigenen leiblich-seelisch-geistigen Organismus zu verbinden und damit an einem größeren Leben Anteil zu haben.

> *Magisches Wort ist jenes, das hinter sich ein Urwort erklingen lässt; magisches Handeln ein Befreien eines Urhandelns. – Ich bin tatsächlich überzeugt, dass schöpferische Einbildungskraft das uns einzig zugängliche Urphänomen ist, der eigentliche seelische Wesensgrund, die einzige unmittelbare Wirklichkeit. Daher spreche ich von „esse in anima"[30] dem einzigen Sein, das wir unmittelbar erfahren können. Wir vermögen kein Sein auszumachen, das nicht in erster Linie seelisch wäre. Alle anderen Wirklichkeiten sind daraus abgeleitet und indirekt erschlossen, sogar mit Kunsthilfe, genannt Naturwissenschaft. (Br I, 86)*

Von da ist der Weg zur Entstehung der großen Religionen nicht weit. Als Grundmotivation nimmt Jung in ihnen ein überwältigendes Ordnungsprinzip an, das sich im kollektiven Unbewussten in Gestalt einer Erlösungssehnsucht zur Geltung bringt, etwa mit Friedrich Hölderlin: „Wo aber Gefahr ist / wächst das Rettende auch."

Analog zu einer vergleichbaren Situation wird der Prophet ebenfalls aus der Not der Zeit ermächtigt, das dieser Not entsprechende, das angemessene symbolische und damit für die jeweils Betroffenen und für eine bestimmte Zeit gültige Wort zu sprechen. Das Evangelium drückt das Gemeinte dadurch aus, dass von Christus (Luk 4, 32) gesagt wird: Sein Wort war gewaltig (en exousía ên ho logos autoú). Ändert sich die Lage, bedürfe es aber einer neuen „Wahrheit". Von daher fällt ein Licht auf die immer wieder zu beobachtende Tatsache, dass ein einmal gültiges Symbol seine Gültigkeit verlieren kann und dann den Menschen nichts mehr zu geben hat; es verstummt. Aus dem Leben tragenden „Wort in den Wörtern" werden erstarrte Begriffsschablonen, Regressionen zu beliebigen „words, words".

Die für die Wirkkraft einer religiösen Rede zu beachtende Einsicht lautet demnach für Jung:

> *Solange das Symbol die wahre und darum lösende Antwort auf eine ihm entsprechende Lage ist, ist es wahr und gültig, ja „absolut". Ändert sich aber die Lage und wird das Symbol einfach perpetuiert, so ist es nichts als ein Idol, das verarmend und verdummend wirkt, da es bloß unbewusst macht und keine Erklärung und Erleuchtung gibt [...].*
>
> *Symbol ist Lehre, Idol ist Blendung. Ich fasse das „vernehmende" Denken Hegels als das Denken in Analogie mit den Archetypen. [...]*
>
> *Die höchste Form des geistigen Prozesses wäre symbolisches Erlebnis und symbolischer Ausdruck desselben [...]. Das Symbol braucht den Menschen zu seinem Werden. (Br I, 87 f.)*

Diese Rolle des Menschen in seinem Gottes-Bezug beschäftigte C. G. Jung lebenslang. In seinem Spätwerk „Antwort auf Hiob"[31] verlieh er diesem seinem Ringen beredten Ausdruck.

In einem Brief an den schweizerischen Schriftsteller Walter Robert Corti (1929) verbindet er diesen Gedanken mit seiner Kritik an einem erdflüchtigen Idealismus, als dessen Vertreter er Corti vermutet. Indem er den Briefempfänger – damals noch ein junger Mann von knapp zwanzig Jahren – gelegentlich nach Bollingen, dem Ort seiner eigenen Erdverbundenheit, einlädt, gibt er zu verstehen, dass „für Gott leben" wollen zwar das „Allergesündeste" sei. Gleichzeitig lässt er ihn bedenken: Gott am nächsten sein, bedeutet paradoxerweise immer auch, höchster Gefahr ausgesetzt sein. Gemeint ist wohl eine Gefahr der Selbsttäuschung, etwa wenn eine kurzschlüssig aufgefasste sogenannte „Gotteserfahrung" bereits als eine tatsächliche Konfrontation mit dem Allheiligen, dem Ganz-Anderen, verwechselt wird; wenn man die transzendente Gottheit mit dem von menschlichen Vorstellungen auch Zeitumständen bedingten Gottesbild gleichsetzt.

> *Gott will werden in der immer höher steigenden Flamme des menschlichen Bewusstseins. Und wenn dieses in der Erde keine Wurzeln hat? Wenn es kein steinernes Haus ist, in dem das Feuer Gottes wohnen kann, sondern eine elende Strohhütte, die aufflackert und vergeht? Hat dann Gott werden können? Man muss Gott ertragen können. Das ist höchste Aufgabe des Trägers der Idee. Er muss der Anwalt der Erde sein. [...]*
>
> *Mein inneres Prinzip ist: Deus et homo (Gott und Mensch). Gott braucht den Menschen zur Bewusstwerdung, wie er die Beschränkung in Zeit und Raum braucht.*

Seien wir ihm darum Beschränkung in Zeit und Raum, irdische Umhüllung. Jesus – Mani – Buddha – Laotse sind für mich die vier Pfeiler des geistigen Tempels. Ich könnte keinen dem andern vorziehen. (Br I, 92)

Der Briefwechsel mit Corti fällt unter anderem in die Zeit, als er – angeregt durch Richard Wilhelm – über „Das Geheimnis der Goldenen Blüte", einem tausendjährigen chinesischen Text brütet, um ihm einen psychologischen Kommentar zu widmen. Die Begegnung mit dem Lebenswerk Wilhelms bedeutete für Jung nach eigenem Zeugnis[32] „ein gewaltiges Erlebnis", durch das er sich in ungeahnter Weise bereichert fühlte. Man müsse sich nur klar machen, dass die Begegnung mit dem Osten zwar unerlässlich sei; dass aber der Weg des westlichen Menschen bei der europäischen Wirklichkeit zu beginnen habe. Dagegen „nicht bei Yogaübungen, die uns über unsere Wirklichkeit hinwegtäuschen sollen."

Diese Gedanken werden in einem weiteren Brief an Corti durch den Hinweis bestimmt, dass in dieser Zeit mit einem Bewusstseinswandel zu rechnen sei, auch wenn sich der Briefschreiber noch über das Nähere ausschweigt, geht es doch auch darum, auf Reaktionen des Unbewussten mit Zeichen großer Ratlosigkeit und „Sehnsucht nach Erfüllung der Zeiten" zu achten. Immerhin:

Wir sind in der Zeit des ausgehenden Christentums, wo die metaphysischen Voraussetzungen der Moral fallen [...].

Menschen wie Sie müssen das alles anschauen und darüber denken und dem Himmel, der tief in Ihnen wohnt, mitteilen und immer nach innen hören, ob ein Wort kommt. Dazu Ihr äußeres Leben richtig aufbauen, damit Ihre Stimme Gewicht bekommt. (Br I, 97)

Was auf der individuellen Ebene das religiöse Erleben, auf kollektiver Ebene die Gottesoffenbarung anlangt, so wurde Jung nicht müde, insbesondere Theologen gegenüber die vermittelnde Rolle der menschlichen Seele zu betonen. Den Einwand, es handle sich um ein „Psychologisieren der religiösen Erlebnisse“ konnte er nicht gelten lassen, zumal er sich durch theologische Autoritäten vom Rang eines Tertullian oder Meister Eckhart gestützt sah. Einen Schweizer Pfarrer lässt er am 15. August 1932 wissen:

> *Es gilt heute für die Theologen dasselbe, was auch an die Mediziner herangetreten ist: Wie der Mediziner unendlich umzulernen hatte, um das seelische Problem eines Neurotikers zu begreifen, so wird auch die Theologie ihre Opfer bringen müssen, um mit diesem schwierigsten aller Probleme mit einiger Aussicht auf Erfolg ringen zu können [...].*
>
> *Die menschliche Seele und die seelischen Hintergründe werden in maßloser Weise unterschätzt. Wie wenn Gott zum Menschen ausschließlich durch das Radio, durch die Zeitung oder durch die Predigt spräche. Gott hat nie anders zum Menschen gesprochen als in der Seele und durch die Seele, und die Seele versteht es, und wir erfahren es als etwas Seelisches. Wer das Psychologisieren nennt, der leugnet das Auge, das die Sonne sieht. (Br I, 132)*

Es liegt bei Jung sehr viel eher das Bestreben zugrunde, selbst tiefer in die Geheimniswelt religiöser Wirklichkeit einzudringen und es dabei an der unverzichtbaren Ehrfurcht vor dem Numinosen nicht mangeln zu lassen.

Dass sich Jung dabei nicht allein auf das einschlägige Schrifttum beschränken wollte, wird deutlich, wenn man zur Kenntnis nimmt, mit welcher Aufmerksamkeit und mit welchem Respekt er das religiös-kultische Leben von Eingeborenen, seien es Afrikaner oder nordamerikanische Indianer, erkundet hat. Darüber hinaus bat er auf brieflichem Weg um weitere Belehrung, beispielsweise im Gedankenaustausch mit dem Pueblo-Indianer Ochwiä Biano (Mountain Lake), mit bürgerlichem Namen Antonio Mirabal[33]. Ihm schreibt er im Oktober 1932:

> *Ich wünschte, Sie würden mir einmal schreiben, welche religiösen Bräuche Sie haben, um sich eine gute Ernte zu sichern. Haben Sie bestimmte Tänze oder anderes, womit Sie Weizen und Mais zum Wachstum verhelfen? Verehren Ihre jungen Männer noch Vater Sonne? Machen auch Sie gelegentlich Sandmalereien wie die Navajos. Mir ist jede Nachricht, die Sie mir über Ihr religiöses Leben geben können, jederzeit willkommen. Ich werde alle Informationen für mich behalten, aber Sie wären mir sehr hilfreich, denn ich suche die Wahrheit zu erforschen, an welche die Indianer glauben. Sie erschien mir immer als eine bedeutende Wahrheit, aber man hört so wenig darüber, besonders hier, wo es keine Indianer gibt [...].*
>
> *Alles, was Sie mir über Religion erzählen, ist mir willkommene Nachricht. Hier bei uns gibt es keine interessanten religiösen Dinge, nur Überreste aus alter Zeit. (Br I, 136 f.)*

In seinen „Erinnerungen", in denen er kulturkritisch auf die Fortschrittsgläubigkeit des modernen Menschen zu sprechen kommt, deutet er darauf hin, dass wir „eines außerhalb der Sache liegenden Standpunkts" bedürfen, um zu der gebotenen Selbstkritik zu kommen. Gerade auch das Fremdheitserlebnis ist geeignet, bislang unbekannte Aspekte des eigenen Selbst in den Blick zu bekommen. Somit wäre eine nur auf rationaler Ebene sich bewegende „Aufklärung" kaum geeignet, jenes eigene Selbst freizulegen.

> *Wenn ich nach Afrika reise, um einen psychischen Ort außerhalb des Europäers zu finden, so will ich unbewussterweise jenen Persönlichkeitsteil in mir auffinden, welcher unter dem Einfluss und dem Druck des Europäerseins unsichtbar geworden ist. Dieser Teil steht in bewusster Opposition zu mir, weil ich ihn nicht gelten lasse. Er will, seiner Natur entsprechend, mich unbewusst machen, um mich zu töten; ich aber möchte ihn durch Erkenntnis bewusster machen, wodurch man einen gemeinsamen Modus Vivendi finden könnte. (Erinnerungen, 248)*

Immer wieder hat es Jung als Psychotherapeut mit – hauptsächlich protestantischen – Menschen zu tun, die unter spirituellen Mangelerscheinungen leiden. Sie bestehen vielfach darin, dass bei ihnen die Möglichkeiten einer inneren Erfahrung weitgehend geschwunden sind, beispielsweise hinsichtlich der christlichen Taufe – namentlich als Kindertaufe – in ihrer sakramentalen Ursprünglichkeit als ein Initiationsritus, der ursprünglich jeweils darauf vorbereiteten Erwachsenen zuteilwurde[34].

Einem evangelischen Theologen, der seiner geistlichen Berufung nicht mehr sicher ist und Träume produziert, die mit dem Wasser-Element zu tun haben, schreibt er (1935):

> *Wenn nun Ihr Unbewusstes das Wassersymbol heraufbringt, so heißt das, dass es versucht, Ihnen das Tauferlebnis in ursprünglicher Form wiederzugeben. Ursprünglich war es ja ein Untertauchen bis zum Tode und hatte darum die Bedeutung der Wiedergeburt. Es muss darum Angst*

dabei sein. Der Schatz, der im Wasser liegt, wäre christlich dem Schatz im Acker zu vergleichen oder der kostbaren Perle, welche das Gottesreich bedeutet. Wenn man nun diese Symbole in die dogmatische Sprache übersetzt, so wird dadurch der eigentümliche, freie Erlebnischarakter abgestreift. Es ist darum nötig, dass die Symbole in ihrer ursprünglichen Form erlebt werden [...].

Ich möchte aber nochmals betonen, dass, was das Unbewusste Ihnen beizubringen sucht, nicht etwas absolut anderes ist als das Christentum, sondern es handelt sich um eine Vertiefung der christlichen Symbolik und eine Wiederbelebung jener Grundlagen, auf denen das Christentum, wie auch andere große Religionen, sich aufbaut. (Br I, 248)

Ein Kapitel im Leben und Denken religiöser Menschen stellt natürlicherweise die Frage nach der Realität Gottes dar. Wenn Jung darauf zu insistieren hatte, dass er sich auch dann nicht als Theologe, sondern als empirisch arbeitender Arzt und Psychologe verstehe, wenn er Aussagen zu machen hatte, die religiöse Symbole tangieren[35].

Er verstand sich als Seelenarzt und in der Hauptsache jenen verpflichtet, die, wie er selbst und wie er sich auszudrücken pflegte, nicht über das „Charisma des Glaubens" verfügte. Damit war das Gros all derer gemeint, die zwar äußerlich noch einen gewissen Zusammenhang mit einer religiösen Gemeinschaft aufrechterhalten, etwa durch eine Kirchensteuer zahlende Mitgliedschaft, innerlich aber längst der betreffenden Konfession oder der Religion als solcher entfremdet sind. Seine Begründung lautet daher:

Das Gottesbild ist eine psychologische Tatsache für den Psychologen. Über die metaphysische Realität Gottes weiß er nichts auszusagen, denn das würde die erkenntnistheoretischen Grenzen bei Weitem überschreiten. Als Empiriker kenne ich nur die ursprünglich aus dem Unbewussten entstandenen Bilder, die sich der Mensch von der Gottheit macht oder die – besser gesagt – im Unbewussten von der Gottheit gemacht werden; und diese Bilder sind unzweifelhaft sehr relativ [...].

Das Unbewusste ist für mich ein ausdrückliches Gegenüber, mit dem man sich auseinandersetzen muss [...].

Was für den Theologen geistige Tatsächlichkeiten sind, sind für den Empiriker Ausdrücke des seelischen Wesens, das im Grunde genommen von essenzieller Unbekanntheit ist. Der Empiriker denkt nicht von oben herunter aus metaphysischen Voraussetzungen, sondern er kommt von unten herauf aus der phänomenalen Welt und muss sich, als seiner Beschränktheit bewusster Geist, damit begnügen, die seelischen Vorgänge nachbildend zu begreifen. (Br I, 252)

Einem amerikanischen, offensichtlich ebenfalls mit der Seelsorge betrauten Briefpartner gegenüber betont Jung (1937), dass es nicht genügen könne, sich lediglich mit psychologischem Bücherwissen zu versehen. Nicht ein Wissensquantum sei in dieser Disziplin gefragt, sondern Erfahrung und Lebenserkenntnis. Und weil er bei Niederschrift des Briefs gerade im Begriff war, seine Indienreise (1938) anzutreten, erinnerte er daran, wie wichtig es dort sei, einen Guru als geistigen Führer zu haben, zumal nicht jeder dasselbe wissen müsse. Folglich könne es – entgegen der im Westen üblichen Didaktik – nicht allen auf dieselbe Weise der erforderliche Wissensfundus vermittelt werden. Dazu komme in der Psychotherapie – und natürlich bei Weitem nicht nur in ihr – noch eine entscheidende Voraussetzung[36]:

Jeder, dessen Berufung es ist, Seelen zu führen, sollte zuerst die eigene Seele führen lassen, damit er erfährt, was die Begegnung mit der menschlichen Seele bedeutet. Die Kenntnis der eigenen dunklen Seite ist die beste Vorbereitung, um mit den Dunkelheiten der anderen umzugehen. Bücherstudium allein würde Ihnen nicht viel nützen, obwohl auch es unerlässlich ist [...].

Und wenn Sie einen guten Freund haben, versuchen Sie, hinter seine Fassade zu schauen, damit sie sich selbst entdecken. Das wäre ein guter Anfang. (Br I, 301)

Einen solchen zu wünschenden Anfang schien Jung bei seinem Gegenüber noch kaum ausmachen zu können, als er Ende 1945 einem Zürcher Pfarrer über das protestantische Prinzip schrieb. Zu denken gab ihm die hier sich manifestierende Diskontinuität, nach der die Protestanten einerseits Kirche sein wollen, andererseits aber auch das beanspruchen, was Luther einst die „Freiheit des Christenmenschen" genannt hat. Das eine Mal meldet sich das Bedürfnis nach festen und verrückbaren Vorstellungen, nach Organisation und geprägter, zugleich nach prägender Form. Das andere Mal wird deren Relativierung verlangt. Über solchen Überlegungen kommt Jung auf das Erfordernis eines Individuationsprozesses zu sprechen, den er sowohl in der frühen Kirche als auch in der sich entfaltenden Tradition symbolartig wahrnimmt, zumal dieser Vorgang der Selbst-Werdung mit dem Werden der Christenheit zu tun habe. Zunächst hat er den Eindruck:

Ich habe dabei immer das Gefühl, von den Wurzeln abgerissen zu sein. Der Protestantismus macht mir den Eindruck von etwas Unausbalanciertem, zwar

Dynamischem, das eines Gegengewichts ermangelnd, hemmungslos in unzählige Subjektivismen sich auflöst [...].

Wenn ich aber in dieser Sache etwas zu sagen hätte, so würde ich vorschlagen, diese Manifestation des immer deutlicher hervortretenden Individuationsprozesses nicht mehr als Konfession zu bezeichnen und in eine angebliche Kirche hineinzupressen. Denn Protestantismus ist eso ipso kirchenfeindlich [...].

Der Individuationsprozess ist eine Entwicklung auf dem Mutterboden des Christentums. Er ist aber keine Kirche. (Br I, 490)

Vom Umgang mit dem Unbewussten

Aspekte der Parapsychologie

Die hohe Einschätzung jenes Unbewussten, das sich nicht allein auf vergessene und verdrängte seelische Inhalte beschränkt, sondern das über die persönliche Sphäre hinausreichend sich auf die des kollektiven oder überpersönlichen Unbewussten bezieht, gibt verständlicherweise zu allerlei Rückfragen Anlass. Man irrte, wollte man die rationale, als die bewusste, an den Ich-Komplex gebundene Seite unterschätzen, so wie man einst die Wirklichkeit des Unbewussten vernachlässigt hat. Beide Funktionen wollen in je angemessener Weise berücksichtigt werden. Sie verlangen eine entsprechende Ausgewogenheit, wenngleich es nicht in Abrede zu stellen sein wird, dass eine nicht geringe Faszination von dem ausgeübt werden kann, das jenseits der Schwelle des Alltagsbewusstseins liegt und unter anderem in Gestalt von Träumen oder Fantasien in den Bewusstseinsbereich – sei es beängstigend, sei es kreativ anregend – herüberwirkt.

> *Wenn man das Unbewusste in Betracht zieht, wird man sogleich davon angezogen, und ohne genügenden Halt im realen, bewussten Leben wird man vom Drachen des Unbewussten verschlungen. Sie wissen, was das bedeutet! Nur wenn Sie Ihr Bewusstsein mit seiner ganzen Kritikfähigkeit wachhalten, können Sie mit der Beobachtung des Unbewussten beginnen. Das Unbewusste als solches ist weder hinterlistig noch böse – es ist Natur, ebenso schön wie furchtbar. (Br I, 145)*

Jung gibt zu bedenken: Sollte sich das Unbewusste feindselig und bösartig verhalten, so könne das nur geschehen, wenn man sich den verführerischen Beeinflussungen und der faszinierenden Bilderwelt leichtsinnig überlassen hat. Wenn man sich überhaupt mit dem Unbewussten abgeben muss, rät Jung, sollte das nur auf eine aktive Weise geschehen, das heißt etwa so, dass man die volle Ich-Wachheit wahrt und sich den jeweiligen, sich ambivalent äußernden Phänomenen gegenüber kritisch verhält.

Wohl reicht eine bloß rationale Einstellung zu den Lebenserscheinungen nicht aus. Das Ratsamste sei jedoch, sich an die bewussten und rationalen Aspekte der Wirklichkeit zu halten. Man sollte sie nie aus dem Auge verlieren. Sie – die wache Kritikfähigkeit – ist der Schutz, ohne den man sich auf unbekannten Meeren verlieren würde. Es hieße geradezu, sich Krankheit ins Haus laden, wenn man die bewusste und rationale Orientierung aufgäbe. Und weil der schöpferische Weg der beste sei, dem Unbewussten zu begegnen, gibt Jung seiner Fragestellerin eine erste Anregung, der freilich weitere therapeutisch begleitete Aktivitäten im Umgang mit den Hervorbringungen des Unbewussten folgen müssen.[37] Vorweg eine erste praktische Anregung für die Vorgehensweise:

> *Denken Sie sich zum Beispiel eine Fantasie aus und gestalten Sie sie mit allen Ihnen zur Verfügung stehenden Kräften. Gestalten Sie sie, als wären Sie selbst die Fantasie oder gehörten zu ihr, so wie Sie eine unentrinnbare Lebenssituation gestalten würden. Alle Schwierigkeiten, denen Sie in einer solchen Fantasie begegnen, sind symbolischer Ausdruck für Ihre psychischen Schwierigkeiten; und in dem Maße, wie Sie sie in der Imagination meistern, überwinden Sie sie in Ihrer Psyche. (Br I, 146)*

Ergänzend rät er einem holländischen Adressaten, indem er auf dessen persönliche Problematik eingeht, darüber hinaus auch Grundsätzliches zur Einschätzung des Unbewussten zu bedenken gibt, um sich vom Freudschen, das heißt von einem einseitigen, allein durch die Ratio dominierten Ansatz zu unterscheiden:

> *Sie müssen vor allen Dingen darüber im Klaren sein, dass die Aufdeckung des Unbewussten, wie es in der Analyse geschieht, im Grunde genommen der Anfang eines Weges ist, auf dem man nicht stillstehen kann, sondern den man bis zu Ende gehen sollte. Hinter all den Rationalisierungen der Freudschen Theorie stehen immer noch Tatsachen, die verstanden werden wollen. Es nützt gar nichts, sie mit der bekannten Formel des „nichts als" zu entwerten. Gelingt es ausnahmsweise, die innere Forderung zum Schweigen zu bringen, so hat man etwas verloren und der Mensch bezahlt seine anscheinende Beruhigung mit einer inneren Verödung […].*
>
> *Das Unbewusste ist keineswegs, wie es in der Freudschen Auffassung erscheint, ein an sich leerer Sack, in dem die Abfälle des Bewusstseins gesammelt werden, sondern es ist die ganze andere Hälfte der lebendigen Seele. Ja noch mehr, es ist eine seelische Spiegelung der ganzen Welt. Wenn Sie sich auf diese Problematik einlassen, so werden Sie bald sehen, dass unser Subjekt hineingestellt ist zwischen zwei gegensätzliche Weltgegebenheiten, zwischen die sogenannte äußere, den Sinnen erschlossene Welt und die unbewusste psychische Voraussetzung, welche Welterfassung überhaupt ermöglicht. (Br I, 186 f.)*

Diese nach innen gerichtete psychische Voraussetzung müsse notwendigerweise verschieden sein von der uns umgebenden äußeren Welt, weil sonst gar keine Möglichkeit existiert, letztere zu erfassen, und weil – nach dem viel zitierten Wort der homöopathischen Maxime „similia similibus curantur" – Gleiches nur durch Gleiches erkannt und behandelt werden könne – eine Einsicht, die auch und gerade für den natürlichen Entwicklungsprozess Gültigkeit habe.

Im Übrigen können sich Träume helfend einstellen. Sie bieten gegebenenfalls Symbole an, die dann als lebendige Symbole, das heißt als nicht weiter reduzierbare bestmögliche Formulierungen für bislang noch unbekannte Tatsachen verstanden werden sollten. Es habe andererseits keinen Zweck – so rät er einer Fragestellerin –, sich mit letzter Konsequenz dem sich manifestierenden Unbewussten auszusetzen.

Man möge sich vorstellen: Wenn eine derartige destruktiv wirkende Selbstauslieferung dem richtigen Verhalten entspräche, dann hätte die Natur das Bewusstsein gar nicht erst hervorgebracht, und die unvernünftig reagierenden Tiere stellten die idealen Verkörperungen des Unbewussten dar. Das kann nun gerade nicht der Fall sein! Jung wiederholt seine schon an vielen anderen Stellen geäußerte Einsicht:

> *Es ist deshalb nach meiner Ansicht unbedingt nötig,*
> *dass wir mit dem Bewusstsein immer so weit dabei sind,*
> *dass unsere Wirklichkeit, das heißt das jetzt und hier*
> *Existierende, genügend wahrgenommen wird. Sonst laufen*
> *wir Gefahr, von einem Unbewussten, das diese unsere*
> *Menschenwelt nicht kennt, überrannt zu werden. Das*
> *Unbewusste kann sich nur mittels der Hilfe des Bewusstseins*
> *und unter dessen steter Kontrolle verwirklichen.*
>
> *Dabei muss das Bewusstsein zwar mit dem einen Auge*
> *auf das Unbewusste gerichtet sein, auf der anderen*

Seite aber muss es ebenso klar die Möglichkeiten der menschlichen Existenz und der menschlichen Beziehungen im Gesichtsfeld behalten. (Br I, 304)

Eine besondere Weise der Beziehung mit dem Unbewussten ergibt sich bei der Meditation und durch die gegenstandsfreie Übung der Kontemplation, wie sie traditionellerweise in den christlichen Ordensverbindungen gegeben ist. Es bedurfte freilich der in der zweiten Hälfte des 20. Jahrhunderts in Gang gekommenen Meditationsbewegung[38], um auch andere Menschenkreise in diese innere Erfahrungsmöglichkeiten und an das mystische Erleben heranzuführen.

Jung erinnert an die benediktinische Spiritualität, an Bonaventuras berühmtes Pilgerbuch zu Gott („Itinerarium mentis in deum“[39]), sowie an die noch sehr viel bekannteren Exerzitien des Ignatius von Loyola („Exercitia spiritualia“). Gleichzeitig weist er darauf hin, dass man von Fall zu Fall unterscheiden müsse, welcher Weg im konkreten Fall eingeschlagen werden sollte. Denn während bei diesen Übungen von einem bestimmten Meditationsbild oder -wort ausgegangen wird, geht die Psychotherapie – analog zur Kontemplation oder zur Zen-Meditation – einen anderen Weg. Hier komme es darauf an, dass die Psyche, gleichsam ohne äußere Vorgegebenheit, also selbsttätig in Aktion trete, speziell bei der in der Analytischen Psychologie praktizierten Aktiven Imagination.[40] Dazu schreibt Jung einem holländischen Pfarrer:

Wenn man die Technik der modernen Psychotherapie mit diesen alten Methoden in Vergleich setzen will, so könnte man sie schon als etwas Ähnliches verstehen, indem auch hier gewisse Inhalte überlegt und betrachtet werden, allerdings mit einer anderen Systematik. In der Psychotherapie werden die Träume der meditativen Betrachtung unterzogen mit dem Zweck, die abgerissene Verbindung zwischen dem Bewusstsein und dem Unbewussten zu integrieren. In diesem Fall ist natürlich der bewussten Meditation kein äußerer Gegenstand vorgeschrieben, sondern er wird jeweils vom Unbewussten gegeben. Diese Art des psychischen Erlebens geht historisch auf die philosophische Alchemie zurück und berührt sich mit der kirchlichen Tradition. (Br II, 22)

Unter Hinweis auf die große Bedeutung und tiefe Wirkung, die das Gebet auf die menschliche Psyche ausübe, heißt es in einem Brief (1950) an einen englischen Fragesteller:

Fasst man den Begriff des Gebetes in seinem weitesten Sinn und nimmt auch die buddhistische und hinduistische Meditation (als seine Entsprechungen) hinzu, so ließe sich sagen, dass es die universalste Form religiöser oder philosophischer Konzentration des Geistes und aus diesem Grunde eine der ursprünglichsten und häufigsten Methoden darstellt, den geistigen Zustand zu wandeln. Hätte sich diese psychologische Methode als unwirksam erwiesen, so wäre sie schon längst erloschen, aber niemand, der nur ein wenig menschliche Erfahrung besitzt, kann ihre Wirkungskraft leugnen. (Br II, 191 f.)

Nach der Möglichkeit eines Zusammenhangs zwischen den Bandflechtmustern der vorchristlichen und frühchristlichen keltischen Kunst und indischen Mandala-Darstellungen gefragt, kam Jung (1957) auf meditative Praktiken zu sprechen.

Diese lassen sich psychologisch unter den Begriff der Konzentration der Aufmerksamkeit zusammenfassen. (Zu deutsch etwa als „Andacht“ wiederzugeben.) Die

Konzentration wird zum Bedürfnis in einem Fall, wo die Möglichkeit oder sogar die Drohung eines psychischen Chaos besteht, das heißt wo die zentrale Kontrolle entweder durch ein starkes Ich oder eine dominierende sogenannte Obervorstellung fehlt. Diese Situation wird daher häufig angetroffen in primitiven oder barbarischen Gesellschaften; auch auf höherer Stufe, wenn ein bisher vorherrschender Zustand sich lockert oder zu zerfallen droht und eine neue Ordnung wieder zentriert werden sollte. In diesen Fällen wird entweder die neue dominierende Idee beziehungsweise deren Symbol dargestellt, oder das chaotisch Bewegte, Vielfache wird in rhythmischen Ornamenten gewissermaßen domestiziert. (Br III, 122)

In diesem Zusammenhang kommt Jung auf eine Reihe exemplarischer Erscheinungen in der Kunst zu sprechen. In der buddhistischen Kunst handle es sich um eine komplizierte Linienführung und um eine „rhythmische Ausgestaltung des jeweiligen Hintergrundes" sowie der Umgebung. In der irischen Buchmalerei oder Skulptur werde der Zweck verfolgt, das mannigfache und unheimlich belebte Chaos eines ungeordneten Geistes in harmonische Formen zu bringen. Zeitlich schließen sich in neuerer Zeit oft kaum minder komplizierte Mandalas an, wie sie von neurotischen oder psychotischen Patienten ebenso wie von sogenannten Normalen hervorgebracht werden, etwa als Ausdruck der „chaotischen Desorientierung unserer Zeit."[41]

Andere Beobachtungen Jungs beziehen sich auf Ausgestaltungen des Bandflechtmusters. Er deutet sie als „einen intensiven Konzentrationsversuch" beziehungsweise eine energische Unterdrückung oder Umgestaltung heftig bewegter Gefühlsvorgänge. Sie können als eine wirkungsvolle Selbsttherapie verstanden werden. Ähnliches gelte für für die Ornamentik kultisch verwendeter buddhistischer Mandalas. Er weist ihnen die Funktion einer „Art von psychischem ‚tranquilizer' zu, obgleich dies auf eine einseitige Betrachtungsweise hinauslaufe. Auf der anderen Seite müsse man stets hervorheben, dass die Harmonisierung bewegter Linien sich um ein ideelles Zentrum lege. Auch reiche ornamentale Ausgestaltungen des Kreuzes lassen sich als Beispiele heranziehen.

Eine bei Weitem größere Rolle als die Beschäftigung mit spirituellen Übungssystemen spielt bei Jung die Bekanntschaft mit parapsychologischen Erscheinungen. In einer Reihe von Briefen setzte er sich mit dem bekannten amerikanischen Parapsychologen J. B. Rhine auseinander. Er antwortete auf dessen Fragen, wie sie sich unter anderem aus dem Verhältnis von Psychologie und Parapsychologie ergeben.

> *Ich betrachte die Parapsychologie als einen Zweig oder eine Disziplin der allgemeinen Psychologie, spezieller: der Psychologie des Unbewussten. – Die Psychologie des Unbewussten hat viel über die Beziehung zwischen Geist und Körper zu sagen (psychogene Störungen der physiologischen Funktionen). (Br I, 486)*

Jung macht darauf aufmerksam, dass die Parapsychologie in der Lage ist, die Existenz psychischer Phänomene nachzuweisen, durch welche materielle Objekte beeinflusst oder physikalische Gegebenheiten an Orten hervorgebracht werden, an denen sich vorher weder diese noch eine andere entsprechende Materie befand. Damit stehe außer Frage, dass mittels der Parapsychologie das Problem erhellt werden könne, auf welche Weise das Lebendige durch die unbewusste Psyche geformt und dauernd umgeformt werde...

Auf die Frage nach der etwaigen Beziehung zwischen den Formen und Inhalten der außersinnlichen Wahrnehmung und der

Analytischen Psycholoige ergibt sich der Hinweis, dass parapsychologische Phänomene den Manifestationen des kollektiven Unbewussten entsprechen. Jung gibt daher zu bedenken, dass die von ihm als „objektiv" bezeichnete Psyche überall und zu allen Zeiten letztlich dieselbe sei. Gesetzt den Fall, dem wäre nicht so, dann gäbe es keine vergleichende Psychologie.

> *Da die „objektive Psyche" nicht auf die Person begrenzt ist, wird sie auch nicht durch den Körper begrenzt. Sie manifestiert sich daher nicht nur im Menschen, sondern gleichzeitig in Tieren und sogar in physikalischen Gegebenheiten (vgl. die Orakeltechnik des I Ging und Charakterhoroskope). Diese letzteren Phänomene bezeichne ich als die Synchronizität archetypischer Ereignisse. Zum Beispiel gehe ich mit einer Patientin im Wald spazieren. Sie erzählt mir den ersten Traum ihres Lebens, der einen unauslöschlichen Eindruck auf sie machte. Sie hatte einen Geisterfuchs gesehen, der die Treppe in ihrem Elternhaus herunterlief. In diesem Augenblick kommt, keine vierzig Meter von uns entfernt, ein wirklicher Fuchs unter den Bäumen hervor und läuft ein paar Minuten lang ruhig den Weg vor uns her. Das Tier verhält sich so, als wäre es der Partner in der menschlichen Situation. (Ein Faktum ist kein Faktum; hat man aber viele gesehen, beginnt man aufzuhorchen.) (Br I, 487 f.)*

Zu den Themen, die im Umgang mit dem Unbewussten eine Rolle spielen, gehört auch die Auseinandersetzung mit dem Spiritismus, und in ihm die Annahme der Existenz sogenannter Geister. In der zweiten Hälfte des 19. Jahrhunderts und nach dem Ersten Weltkrieg ging geradezu eine Welle des spiritistischen Interesses über die Welt. Wie bekannt, spielten diese Vorstellungen in

Jungs Familie mütterlicherseits eine nicht unwesentliche Rolle[42]. So kam er selbst wiederholt in Kontakt mit derlei Vorgängen.

In seiner medizinischen Dissertation[43] sowie in einer Reihe weiterer psychiatrischer Schriften hat er sich damit auseinandergesetzt. Im Gedankenaustausch mit dem in die Vereinigten Staaten emigrierten deutschen Psychotherapeuten Fritz Künkel (1889 – 1956) sah sich Jung zu einer gesonderten Stellungnahme veranlasst. Daraus ersieht man, wie er (1946) über die Beziehung der Geisterhypothese zum kollektiven Unbewussten und zu den Archetypen dachte. Trotz Jungs Eigeninteresse an den vielfältigen parapsychischen Phänomenen bewahrte er sich, wie nicht anders zu erwarten, eine gewisse Skepsis[44].

> *Dass die unbewussten Inhalte in Form von Personifikationen (Geister) auftreten, ist keineswegs erstaunlich. Erstens ist es die seit Urzeiten traditionelle Form der unbewussten Kompensation, und zweitens besteht keinerlei Möglichkeit, mit Sicherheit zu beweisen, dass es sich nicht wirklich um Geister handelt. Allerdings ist der Beweis, dass es sich um Geister handelt, ebenso schwierig, wenn nicht unmöglich. Der Identitätsbeweis ist bekanntlich eine ungemein schwierige Angelegenheit, um die sich die verschiedensten Leute schon bemüht haben. Man kann ja subjektiv durchaus davon überzeugt sein, was aber noch lange kein objektiver Beweis zu sein braucht. Ich wüsste mir überhaupt gar keine Methode auszudenken, mit der man einen objektiven Beweis erbringen könnte. (Br II, 40)*

Jung hatte den Eindruck, dass die sogenannten Geister in zunehmendem Maße die Tendenz haben, mit der Sphäre des Unbewussten und mit den Archetypen zusammenzufließen. Von daher musste er einräumen, dass Entsprechungen zwischen diesen beiden Sichtweisen bestehen, die einen Vergleich beziehungsweise eine Synopse (Zusammenschau), jedoch nicht eine Synthese oder Vermengung, rechtfertigen.

> *Archetypen können sich nämlich durchaus wie wirkliche Geister verhalten, sodass Kommunikationen [...] ebenso gut auch von einem unzweifelhaft echten Archetypus herrühren können. Man muss aber andererseits betonen, dass weitaus die größte Zahl der Kommunikationen rein psychologischen Ursprungs sind und darum personifiziert erscheinen, weil die Leute keine Ahnung von der Psychologie des Unbewussten haben [...].*
>
> *Dass das kollektive Unbewusste uns allseits umgibt, stimmt durchaus überein mit der Art und Weise, wie ich meinen Schülern das Unbewusste erkläre. Es ist vielmehr eine Atmosphäre, in der wir leben, als etwas, das nur in uns sich findet. Es ist das Unbekannte der Welt schlechthin. Es verhält sich auch keineswegs als bloß psychisch, sondern in den sogenannten Fällen von Synchronizität zeigt es sich als eine allgemeine, in der Umwelt vorhandene Bedingung, viel mehr denn als eine psychologische Voraussetzung. Wo wir irgendwie in Berührung kommen mit dem Archetypus, stehen wir auch im Zusammenhang mit nicht nur bewusstseinstranszendenten, sondern wirklich metapsychischen Faktoren, welche der spiritistischen Hypothese wie derjenigen der magischen Wirkungen zugrunde liegen. (Br II, 41 f.)*

Dass parapsychologische Fragestellungen Jung bis in seine letzten Lebensjahre verfolgt haben, ist – abgesehen von der von ihm untersuchten Synchronizitätsproblematik – gerade auch aus seinem Briefwechsel ersichtlich. So wechselte er diverse Briefe mit

Prof. Hans Bender, den Begründer und Leiter des Freiburger Instituts für Grenzgebiete der Psychologie und Psychohygiene, der schon als Student (1932) mit dem berühmten Psychologen in Beziehung getreten war[45] und den wechselseitigen Arbeitskontakt bis in Jungs letzte Lebenszeit aufrechterhielt. In den späten Briefen sind neben allgemeinen parapsychologischen Themen, speziell solche über über Synchronizität, über die in den fünfziger Jahren viel diskutierten UFO-Phänomene und über Astrologie behandelt. Jungs behutsames Vorgehen bei der Interpretation belegen seine Briefe aus dem Jahr 1958:

> *Die Erklärung des astrologischen Phänomens ist in der Tat eine schwierige Angelegenheit. Ich bin ganz und gar nicht zu einer Entweder-oder-Erklärung geneigt. Ich pflege immer zu sagen: Bei einer psychologischen Erklärung gibt es nur die Alternative: entweder und oder! Dies scheint mir auch bei der Astrologie der Fall zu sein. Das Nächstliegende scheint, wie Sie ganz richtig hervorheben, die parallelistische Auffassung zu sein.*[46] *[...]*
>
> *Nun kommt aber dazu, dass unsere ganze astrologische Zeitbestimmung keiner wirklichen Gestirnskonstellation entspricht, indem sich ja der Frühlingspunkt schon längst aus dem Aries heraus in die Fische verschoben hat und dass seit Hipparchos der Frühlingspunkt künstlich auf 0° Aries festgelegt ist. Die Häuserzuteilungen sind infolgedessen rein fiktiv, und damit scheidet die Möglichkeit einer Kausalitätsverbindung mit den wirklichen Gestirnspositionen aus, und wir haben es nur mit einer rein symbolischen Zeitbestimmung zu tun. Dabei bleibt aber die rohe Zuteilung zu den wirklichen Jahreszeiten erhalten, was für das Horoskop sehr bedeutsam ist. [...]*

Andererseits aber ergeben sich bei der astrologischen Beobachtung auch Fälle, bei denen man zögert, eine bloß kausalistische Erklärung als gültig zu erachten. Ich wenigens habe in derartigen Fällen erstaunlicher Voraussagen das Gefühl eines sinnvollen Zufallstreffers respektive einer Koinzidenz, denn die Aussage scheint mir die Möglichkeit einer Kausalerklärung durch ihre äußerste Unwahrscheinlichkeit zu überfordern, und insofern allein möchte ich die Erklärung des Synchronizitätsprinzips in Anspruch nehmen. Ein historisches Beispiel dieser Art wäre die mutmaßliche Koinzidenz der Christusgeburt mit der dreifachen Königskonjunktion[47] *in den Fischen vom Jahre 7 v. Chr. – Wie gesagt, die Astrologie scheint verschiedene Hypothesen zu erfordern, und ich bin außerstande, mich für ein Entweder-oder zu erklären. Man wird wohl zu einer Gemischterklärung seine Zuflucht nehmen müssen, denn die Natur pflegt sich nicht um die Stubenreinheit der intellektuellen Begriffsbildung zu kümmern.*
(Br II, 169 f.)

Stephen I. Abrams, ein amerikanischer Parapsychologe, der unter Prof. J. B. Rhine an der Duke-University, Durham, arbeitete und sich ebenfalls schon als Student mit Jungs Synchronizitätstheorie auseinandersetzte, war nicht der Einzige, der ihn zu diesbezüglichen Äußerungen veranlasste. Hierbei hatte Jung unter anderem klarzustellen, inwiefern sich seine Methode von der auf statistischen Daten fußenden Vorgehensweise Rhines unterscheide.

Es war mein Ziel, die offensichtliche Unzulänglichkeit der statistischen Wahrheit durch Beschreibung nichtwahrscheinlicher Tatsachen und ihres Wesens zu ergänzen, wenigstens innerhalb der Grenzen der Psychologie. Ich sah sehr bald, dass parapsychologische Tatsachen mit psychischen Voraussetzungen zusammenhängen und ohne Psychologie nicht wirklich verstanden werden können. Selbstverständlich ist heute das wichtigste Problem immer noch der Beweis, dass diese Dinge tatsächlich existieren, und erst in zweiter Linie stellt sich das Problem, wie sie existieren. Hier liegt die Aufgabe der Psychologie des Unbewussten. Soweit ich sehe, gibt es nur zwei Betrachtungsweisen der Parapsychologie: die eine mithilfe der experimentellen Methode ohne Psychologie und die andere mithilfe der psychologischen Methode ohne Aussicht auf Anwendung der Statistik. (Br III, 107 f.)

Versagte sich Jung, bei Behandlung religiöser Erfahrungen als Theologe zu argumentieren oder von der Psychologie in die Bereiche religiös-dogmatischer Aussagen abzuschweifen, so verzichtete er ebenso konsequent auf eine Überschreitung seiner Disziplin. Er tat dies, indem er sich im Gedankenaustausch mit dem amerikanischen Parapsychologen geflissentlich hütete, als erklärter, der Naturwissenschaft verpflichteter Empiriker philosophische Überlegungen und daraus sich ergebende Schlussfolgerungen zu formulieren. Angesichts dieser Selbstbegrenzungen sind seine Gedanken zum Raum-Zeit-Problem in seiner Beziehung zur Psyche beziehungsweise zu dem bemerkenswerten Phänomen einer Raum-Zeit-Freiheit zu verstehen.

So ging ich zum Beispiel nicht so weit, die Raum- und Zeitkategorien als prinzipiell nicht-objektiv zu erklären. Ich würde eher die Frage stellen: innerhalb welcher Ordnung oder in welcher Welt sind Raum und Zeit ungültig? In unserer dreidimensionalen Welt sind sie fraglos von strengster Objektivität, aber es gibt gewisse Erfahrungen, denen zufolge sie sich gelegentlich – und vermutlich unter bestimmten

Voraussetzungen – so verhalten, als seien sie relativ subjektiv, das heißt relativ nicht-objektiv. Wie weit sich die Relativität erstreckt, lässt sich mit Sicherheit nicht angeben; darum weiß man nicht, ob es eine Ordnung oder eine Welt gibt, in welcher Raum und Zeit gänzlich aufgehoben sind.

Hingegen bleibt man mit der Annahme, es sei die Psyche, welche die Fähigkeit besitzt, die scheinbare Objektivität von Raum und Zeit zu relativieren, im Rahmen menschlicher Erfahrung. Diese Annahme ist berechtigt, denn soviel ich weiß, sind keine Tatsachen bekannt, die vermuten lassen, es seien Zeit und Raum, welche ihrerseits die Psyche zu einem Akt der Präkognition befähigten. (Br III, 135)

Jung erinnert daran, dass wir Zeit und Raum als unveränderliche Größen erfahren, und zwar ausgenommen bei parapsychologischen Phänomenen. Einsteins Relativitätstheorie zeige aber, dass beide Größen nicht unbedingt mit unserer Vorstellung übereinstimmen. Der Raum könnte gekrümmt sein. Die Zeit hängt notwendigerweise vom Standort und von der Geschwindigkeit des Beobachters ab. Es sind Überlegungen, die die Auffassung ihrer relativen Gültigkeit bestärken. Von daher gewinnt Jung Ausblicke und Einsichten, die für die Einschätzung mythologischer wie spirituell-religiöser Gegebenheiten von belang sind.

Die Unbestimmtheit des Verhaltens von Zeit und Raum unter psychischem Einfluss tritt bei parapsychologischen Erfahrungen deutlich zutage. Daraus folgt, dass mit einem Faktor in der Psyche zu rechnen ist, der den Gesetzen von Zeit und Raum nicht untersteht; im Gegenteil, er kann sie bis zu einem gewissen Grad aufheben. Mit anderen Worten: Man muss damit rechnen, dass dieser Faktor die Qualität der Zeit- und Raumlosigkeit, das heißt „Ewigkeit“ und „Ubiquität“, besitzt.

Die psychologische Erfahrung kennt einen solchen Faktor; es ist die Größe, welche ich als Archetypus bezeichne. Der Archetypus ist ubiquitär in Raum und Zeit – natürlich relativ genommen. Er ist ein Strukturelement der Psyche, das sich überall und zu allen Zeiten findet; und er ist eine Größe, in der alle individuellen Seelen miteinander identisch sind und sich so verhalten, als seien sie die eine ungeteilte Psyche, die die Alten „anima mundi" oder „psyche tou kosmou" nannten. [...]

In unsrem alltäglichen Erleben bewegen wir uns in den Welten von Zeit und Raum und innerhalb der Grenzen der einzelnen individuellen Psyche. Auf der Ebene des Archetypus befindet man sich in der kollektiven Psyche, in einem Welt-System, dessen Raum- und Zeitkategorien relativ oder absolut aufgehoben sind. Nur soweit können wir mit unseren Feststellungen gehen. Darüber hinaus sehe ich keinen, da wir nicht imstande sind, in einem vieldimensionalen System dem eigenen Willen gemäß zu fungieren; dort können die Dinge uns nur zustoßen. (Br III, 135 f.)

Im weiteren Verlauf dieses Gedankengangs räumt der Zweiundachtzigjährige ein, er sei offenbar zu alt, um die zugrunde liegenden Rätsel zu behandeln, weshalb er hoffe, dass ein jüngerer Mensch die komplexe Fragestellung aufgreifen und einer Lösung zuführen möge. Und eine derartige Initiative würde sich lohnen. Wie bekannt, war es Jungs langjährige Mitarbeiterin Marie Louise von Franz, die – neben Aniela Jaffé – als eine der ersten sich dieser wichtigen Thematik annahmen.[48]

Doch als sich ein Zürcher Leser[49] bei Frau Jaffé mit einer Frage zu ihrem unlängst erschienenen Buch über Geistererscheinungen und Vorzeichen meldete, meinte Jung, auf „Fragen von solcher Art" müsse er schon selbst antworten, zumal es sich mit dem anordnenden Charakter des Archetypus zu tun hatte, – eine Problematik, die er aus prinzipiellen Gründen, das heißt möglichst unter Verzicht auf spekulative Aussagen behutsam anzugehen pflegte.

> *Wenn Sie die Frage des „anordnenden Archetypus“ aufwerfen, so ist diese Frage philosophischer und spekulativer Natur und liegt dem empirischen Denken, das sich in erster Linie um Tatsachen kümmert, ferne, obschon auch der Empiriker neugierig ist und Neigung zur Spekulation verspürt. Ich verbiete mir selbst eine solche Frage, denn sie ist durch Tatsachen zu wenig unterbaut, als dass wir sie beantworten könnten. Wir müssen zuerst einmal die Tatsachen der sogenannten „Anordnung“ feststellen. Soweit sind wir erst versuchsweise gelangt, indem wir die Hypothese aufgestellt haben, dass in sehr vielen Fällen erkennbare archetypische Modelle vorliegen, nach denen die ganze Tatsache konstruiert zu sein scheint. Das ist eine formale Feststellung, wie auch zum Beispiel die Charakterisierung als „Synchronizität“. Inhaltlich ist dabei über die Natur dieser Anordnung nichts ausgesagt; mit anderen Worten: Es ist keine theologische oder sonst wie spekulative Hypostase vorgenommen worden. Darum sage ich auch, dass der Archetypus eine an sich unanschauliche Konfiguration darstellt, die sich in mannigfaltiger Weise empirisch feststellen lässt. (Br III, 186 f.)*

Nachdem Jung im fraglichen Zusammenhang auf die Tatsache der Koinzidenz und den Sinnparallelismus eingegangen ist, die beide im Zusammenhang synchronistischer, also nichtkausaler Phänomene gegeben sind, kommt er auf seine methodische Vorgehensweise zu sprechen, um den Zusammenhang von Synchronizität und Archetypik zu beleuchten.

Der Empiriker spricht nur von dem, was er zureichend als vorhanden feststellen kann, und versucht, aus diesem Vorhandenen Charakteristika des noch Unbekannten herauszukristallisieren. Für das Unbewusste = Unbekannte lässt sich daher feststellen, dass ein Aspekt desselben der Archetypus ist. In Bezug auf den Dynamismus oder das Geschehen des Unbewussten lässt sich feststellen, dass das weitere Charakteristikum der Synchronizität besteht, das heißt mit anderen Worten, dass die Archetypen mit der Synchronizität zu tun haben. Diese beiden Aspekte sind also verbunden durch die Hypothese, dass synchronistische Erscheinungen sehr häufig mit archetypischen Konstellationen zusammenhängen. So weit reichen die Feststellungen, die ich aus der Erfahrung ziehen kann.

Insofern beide Modalitäten – Archetypus und Synchronizität – dem Bereich des Psychischen in erster Linie angehören, rechtfertigt sich der Schluss, dass sie psychische Erscheinungen sind. Insofern aber die synchronistischen Ereignisse nicht nur psychische Erscheinungsformen in sich begreifen, sondern auch physische, rechtfertigt sich der Schluss, dass beide Modalitäten den Bereich des Psychischen übersteigen und irgendwie auch dem physischen Bereiche angehören. Man kann dies auch noch mit anderen Worten ausdrücken: nämlich, dass eine Relativität der psychischen und der physischen Kategorien besteht, das heißt des Seins und des anscheinend axiomatischen Bestehens von Zeit und Raum. (Br III, 187 f.)

Was die Frage nach der „Freiheit“ des Unbewussten anlangt, so gibt Jung zu bedenken, dass sie in der Nicht-Voraussagbarkeit synchronistischer Phänomene liege, also dort, wo keine kausale Gebundenheit gegeben sei. Und die liege in der Synchronizität schon per definitionem. Nochmals auf die Ausgangsfrage zurückkommend, merkt er an:

> *So wenig wir feststellen können, was Psyche oder Materie ist, so wenig lässt sich das sogenannte „anordnende Prinzip" erkennen. Man kann natürlich postulieren, dass „etwas" hinter diesen Phänomenen stecke, aber damit ist weiter nichts gewonnen, denn wir haben keinerlei Möglichkeit uns vorzustellen, wie ein solches „Etwas" beschaffen sein müsste, um das eine Mal als Kausalität und das andere Mal als Synchronizität zu erscheinen [...].*
>
> *Wenn ich daher gelegentlich von einem „Anordner" rede, so ist dies reine Mythologie, denn ich habe vorderhand keine Mittel, um über das bloße Sosein des synchronistischen Phänomens hinauszugehen. (Br III, 190)*

Zu den viel diskutierten Phänomenen, mit denen sich Jung auch im Briefwechsel zu beschäftigen hatte, gehört die angebliche Nahrungslosigkeit, wie sie sowohl bei dem heiliggesprochenen Bruder Klaus von Flüe als auch bei der seit 1926 stigmatisierten Therese Neumann (1989 – 1962) in der oberfränkischen Ortschaft Konnersreuth beobachtet worden ist. Die Behauptung, dass die einfache katholische Landfrau über lange Zeit nur von der geweihten Hostie gelebt habe, lassen sich nach derzeitigen Erkenntnismitteln physiologisch nicht verstehen. Seinem Zürcher Kollegen Fritz Blanke, der über Bruder Klaus publiziert hat[50], lässt er (1948) wissen:

> *Sie (die Nahrungslosigkeit) aber deshalb als gänzlich unmöglich abzutun, davon sollte einem eine gewisse Vorsicht abraten. Es gibt ja so viele Dinge, die früher für*

vollkommen unmöglich gehalten wurden und die man heute trotzdem als möglich versteht und beweisen kann.

Er habe zwar keinerlei Erklärung, sei aber geneigt, die Möglichkeit solcher Erscheinungen auf dem parapsychologischen Gebiet zu suchen. Hierzu bemerkt Jung:

> *Ich habe selber Materialisationsvorgänge beobachtet und dabei konstatiert, dass an jener Körperstelle, von der ektoplastische Materialisationen ausgingen, die Oberfläche, das heißt die der Haut benachbarte Luft, um das Sechzigfache des normalen Betrages ionisiert war. Das heißt, es traten dort ionisierte Moleküle ein und aus, welche offenbar zur Herstellung jenes weißlichen (luminosen?) Nebels führen, aus dem materialisierte Körperteile entstehen. Wenn dergleichen Dinge stattfinden, so wäre es auch denkbar, dass Menschen in der Umgebung dieser Personen als Ionenquelle in Betracht kommen konnten, d. h. die Ernährung würde dadurch stattfinden, dass zum Beispiel lebende Eiweißmoleküle von einem Körper in den anderen hinüberwandern. Ich würde hierin einen möglichen Zugang zu einer Erklärung erblicken. (Br II, 134 f.)*

Im psychologisch-theologischem Dialog I

Aus dem bisherigen Briefwechsel war bereits zu ersehen, welch hohen Anteil evangelische wie katholische Theologen im vielseitigen Gedankenaustausch mit C. G. Jung gehabt haben. Oft genug musste er nicht geringe Mühe aufwenden, um sich und die Grundlage seines nichtspekulativen Forschungsansatzes verständlich zu machen. Als eine ihn beglückende Begegnung sah er es an, wenn er mit einem Menschen in Kontakt kam, der für einen weiterführenden Dialog über die beide Disziplinen umfassende Kompetenz verfügte. Das traf offensichtlich auf den englischen Dominikaner-Theologen Victor White (1902-1960) in besonderer Weise zu, mit dem er im Herbst 1945, also unmittelbar nach Beendigung des Zweiten Weltkriegs in einen mehrjährigen intensiven brieflichen Austausch trat. White hatte einige seiner Aufsätze über Jungs Psychologie nach Küsnacht geschickt. Sie bedeuteten für den damals etwa 70Jährigen eine große Freude und Überraschung. Er fühlte sich von dem englischen Ordensmann in geradezu beglückender Weise verstanden. Er empfand dies als eine außergewöhnliche Seltenheit, sodass er ihn diesbezüglich schon in einem der ersten Briefe einen „weißen Raben" nannte. Verstandenwerden ist eben ein unverfügbares Geschenk:

> *Sie sind der einzige mir bekannte Theologe, der wirklich etwas von dem verstanden hat, was das Problem der Psychologie in unserer Welt heute bedeutet. Sie erkannten ihre umfassenden Sinnbezüge. Ich kann Ihnen nicht sagen, wie froh ich bin, einen Menschen, einen Theologen, zu kennen, der gewissenhaft genug ist,*

meine Auffassungen aufgrund sorgfältigen Studiums meiner Schriften zu beurteilen. (Br I, 473 f.)

Gerade weil Jung in seinem Schaffen einen Weg betreten hat, den nicht wenige seiner zeitgenössischen Kollegen als einen ins Abseits geratenen Psychologen betrachteten, sodass der Protestant Jung aufgrund seiner bisherigen Erfahrungen manchmal meinte, protestantische Theologen seien ihm gegenüber nicht nur zurückhaltend; sie seien sich nur nicht schlüssig, ob sie den religiöses Terrain betretenden Psychotherapeuten als einen fragwürdigen Ketzer oder als einen des Mystizismus verdächtigen religiösen Außenseiter brandmarken sollen.

Der meist recht unterschiedlich definierte Mystikbegriff stellte um die Jahrhundertmitte speziell für Theologen immer noch ein beargwöhntes, der wissenschaftlichen Prüfung nicht standhaltendes Thema dar, das aus protestantischer Sicht mit „Schrift und Bekenntnis" schwerlich in Einklang zu bringen sei.[51]

Gelegentlich gestand er, wie es ihm in der durchaus nicht seltenen Auseinandersetzung mit Theologen ergangen sei. So hat die in Montagnola, unweit von Hermann Hesses Domizil lebende Jungianerin Margret Ostrowski ein offenes Wort Jungs festgehalten, das geradezu auf ein Vereinsamtsein des mittlerweile in aller Welt Berühmten hinweist:

Ich leide darunter, dass ich selten zu einem Gespräch mit einem adäquaten Partner komme, Father White ist in England, Neumann[52] lebt in Israel, Frauen aus meinem Kreise verstehen mich wohl, aber bei Frauen[53] ist immer zuerst das Heim, der Mann und die Kinder wichtig. Wenn in Bezug auf diese alles in Ordnung ist, dann hat die Frau auch noch etwas Zeit für den Geist, und dann ist es interessant.

In einem Gespräch mit einem Mann hört man aber den Widerhall aus den kosmischen Räumen vom Geiste her.[54]

Dazu gehört als eine besondere, unverzichtbare Qualität des Antwortens und des Beantwortetwerdens, das Jung einen schöpferischen Widerhall genannt hat, und zwar in einem Brief an Aniela Jaffé. Man wird kaum fehl gehen, wenn man annimmt, dass in dem bedauerlicherweise vernichteten Briefwechsel mit Toni Wolff noch sehr viel unmittelbarere Zeugnisse eines kongenialen existenziellen Austausches dieser Art dokumentiert worden sind. Immerhin lässt Jung durchblicken, wie beglückend er Anielas Eindruck empfunden hat, als sie seine Studie über die „Deutung des Trinitätsdogmas"[55] gelesen hat. Schöner hat er sich ihre Antwort gar nicht denken können. Es handelt sich um eine „totale Reaktion", und die habe auf ihn ebenfalls „total" gewirkt. Und dann das Geständnis, worin sie als Frau ihn „wieder einmal" beschenkt habe:

Sie haben aufs Völligste abgebildet, was ich in meine Arbeit hineingebildet habe. An Ihrem Briefe ist es mir wieder einmal klar geworden, wie viel man vermisst, wenn man keine oder eine stückweise Antwort erhält, und was für ein Glück es ist, wenn man das Gegenteil erfährt, nämlich einen schöpferischen Widerhall, der zugleich wie eine Offenbarung des weiblichen Wesens wirkt. Es ist, wie wenn ein Wein, der mit Mühe und Schweiß, mit Plage und Besorgnis endlich reif und gut geworden ist, in einen kostbaren Becher gegossen würde. Ohne diese Fassung und dieses Aufgenommensein bleibt das männliche Werk ein Sorgenkind, das man mit zweifelnden Augen betrachtet und mit innerer Unsicherheit in die Welt entlässt. Öffnet sich aber dem Werke eine Seele, so ist es, wie wenn ein Same in gutem Erdreich ruhte oder am Abend die Tore einer Stadt geschossen würden, sodass sie sich sicherer Ruhe erfreuen kann. [...]. (Br II, 93 f.)

Was den „schöpferischen Widerhall" anlangt, der sich nach Jungs Worten von einem „weiblichen Wesen" her offenbarend manifestieren kann, so wird sich derjenige am ehesten der existenziellen Tragweite bewusst werden, dem vom Schicksal der Verlust eines solchen Gegenübers zugemutet wird. Einer Engländerin schreibt Jung (1958), wie er über die Rolle der den Mann inspirierenden Frau und deren psychische Bedürfnisse denkt:

Es sind zwei Frauentypen, die als „verheiratete Mütter" und als „Freundinnen und Geliebte" charakterisiert werden könnten. Die Frauen, welche zum zweiten Typus gehören, bleiben normalerweise in einer Ehe unbefriedigt und umgekehrt [...].

Wer Frau und Mutter ist, kann nicht zugleich Hetaira (Hetäre) sein, das ist eine betrübliche Wahrheit, umgekehrt ist es das geheime Leiden der Hetaira, nicht Mutter zu sein. Es gibt Frauen, die nicht dazu bestimmt sind, leibliche Kinder zu gebären; aber sie sind es, die den Mann geistig wiedergebären, womit sie eine bedeutsame Funktion erfüllen. Der Mensch ist ein sehr paradoxes Wesen und ist durch den biologisch-triebhaften Fortpflanzungsinstinkt einerseits und den Kulturinstinkt der psychischen Entwicklung andererseits bestimmt.
(Br II, 197)

In anderer Weise bedeutsam erlebt Jung den Gedankenaustausch mit Pater White. Er erweist sich als kompetenter Fachmann, der freilich – so muss er zu seinem Bedauern einräumen – leider nicht in seiner Nähe lebt. Bezeichnenderweise seien es nicht Jungs unmittelbaren schweizerische Psychiater-Kollegen, die ihm spirituell wissende Partner sein können, sondern relativ fern angesiedelte Menschen, die sich für den Ertrag seiner Arbeit zu interessieren begonnen haben. Sein Prinzip sei es nicht etwa gewesen, den Ort zu suchen, an dem er etwas Nützliches tun könnte, sondern er habe jeweils begonnen, das Nützliche dort zu tun, wo er sich gerade befand[56].

> *Als ich sagte, Gott sei ein Komplex, meinte ich es so: Was Er auch sein mag, Er ist zumindest ein sehr realer Komplex. Man kann sagen, Er sei eine Illusion, aber zumindest ist Er ein psychisches Faktum. Bestimmt lag es nie in meiner Absicht zu sagen: Er ist nichts anderes als ein Komplex [...].*
>
> *Die meisten meiner philosophisch oder theologisch orientierten Leser übersehen meinen Empirismus vollständig! Ich gestatte mir nie, Behauptungen über die göttliche Wesenheit aufzustellen, denn das hieße, die wissenschaftlichen Grenzen überschreiten. Deshalb wäre es unfair, meine Ansichten so zu kritisieren, als bildeten sie ein philosophisches System [...].*
>
> *Man kann auch nicht sagen, dass das Ziel des Menschen sich in Gott verwirkliche, sondern muss wiederum Fakten vorweisen, die deutlich machen, worin sich das Ziel verwirklicht. Was man in dieser Hinsicht zeigen kann, ist das Symbol des Selbst. (Br I, 474)*

Einmal mehr gibt er seinem englischen Briefpartner zu verstehen, was der vermutlich bereits wusste, nämlich dass es Aufgabe des Psychologen nur sein könne, über das Gottesbild zu sprechen; und das sei jeweils relativ. Denn der „lebendige Gott“, die göttliche Transzendenz als solche liege als „deus absconditus" (verborgener Gott) gänzlich außerhalb des psychologischen wie eines jeglichen menschlichen Zugriffs. Seine Sache könne es daher nicht sein, metaphysische Behauptungen aufzustellen oder dogmatische Aussagen zu formulieren. Gleichzeitig beklagt er das im üblichen rationalistischen Vorurteil begründete Unverständnis jener, speziell jener Protestanten, die keinen Zugang mehr zu den spirituell-sakramentalen Tatbeständen, das heißt zu den Mysterien des Religiösen, also nicht nur der Kirche, besitzen.

> *Wenn zum Beispiel die Reformatoren je begriffen hätten, was die heilige Messe bedeutet oder wofür der Ritus im Allgemeinen steht, hätten sie sie bestimmt nicht aufgegeben.*[57] *Der erschreckende Mangel an Verständnis droht die christliche Religion ganz in Vergessenheit geraten zu lassen [...].*
>
> *Verstehen beginnt in der Seele des Einzelnen, und das bedeutet Psychologie. Es ist in der Tat eine gewaltige Aufgabe, einen neuen Zugang zu einer alten Wahrheit zu schaffen [...].*
>
> *Ich bekämpfe die christliche Wahrheit nicht, ich setzte mich nur mit dem modernen Geist auseinander. (Br I, 477 f.)*

Es spricht für den privaten Charakter und die Unkompliziertheit des freundschaftlichen Umgangs, wie Jung Nahestehende als Gäste bei sich – namentlich in seinem Turm – willkommen hieß. So lud er seinen „Dear Father White", wie er ihn im Brief titulierte, im Sommer 1946 nach Bollingen ein.

Seine Vorinformation sollte zeigen, dass der englische Mönch sich nicht auf einen in exquisitem Ambiente lebenden berühmten Doktor einzustellen hatte, sondern eben auf einen Menschen, der in der ihm eigenen Natürlichkeit mit den Realitäten dieser Welt umgeht, insbesondere wenn er sich in seinem selbst erbauten Bollinger Turm aufhält :

> *Sie sind ein Freund des einfachen Lebens, so werden Sie allen nötigen Komfort finden. Ist ihr Geschmack etwas heikel, so wird es Ihnen ein wenig rau vorkommen. Damit Sie sich eine Vorstellung machen können: Ich koche selber und spalte selbst mein Holz und ziehe meine eigenen Kartoffeln. Aber Sie haben ein anständiges Bett und ein Dach über dem Kopf, und wir werden eine Menge Zeit haben, uns über alles unter der Sonne zu unterhalten. Was Ihr geistliches Gewand betrifft, so brauchen Sie nichts zu verbergen, da wir uns auf katholischem Gebiet befinden, nicht weit vom berühmten Kloster in Einsiedeln. Aber ich rate Ihnen, etwa Altes und Abgetragenes mitzubringen, damit Sie ihre guten Kleider schonen, und ein Paar leichte Schuhe für gelegentliche Segelfahrten. (Br II, 26)*

Was die von Jung mehrfach apostrophierte und derzeit zu erfüllende gewaltige Aufgabe anlangt, so ist zu berücksichtigen, aus welcher weltgeschichtlichen Situation in den Jahren unmittelbar nach dem Zweiten Weltkrieg diese Briefe geschrieben sind. Es handelt sich um die Umstände der seelisch erst noch zu bewältigenden Katastrophe, die die Menschen über den europäischen Rahmen hinaus stigmatisiert hat. Einem Hamburger Arztkollegen bringt er dies am 30. Januar 1946 – also 13 Jahre nach Hitlers ominöser „Machtergreifung" – zum Ausdruck, denn:

> *Deutschland ist zwar der vorliegende Sonderfall, aber er stellt bloß den Gipfel eines viel weiter reichenden Gebirges dar. Der europäische Mensch, ja der Mensch überhaupt, ist zum ersten Mal in seiner Geschichte aus der*

ursprünglichen Ordnung der Dinge herausgefallen und ist daran, in einer Welt aufzuwachsen, welche er jeglichen Einflusses auf seine seelische Existenz beraubt hat und die nun mit erdrückender Verantwortung belastet. Zugleich drückt ihm das Schicksal die Atombombe in die Hand und damit das Mittel zur endgültigen Selbstzerstörung.

Dieser Situation gegenüber findet im Unbewussten natürlich eine kompensierende Reaktion statt, deren Auswirkungen, vom Standpunkt der Unfähigkeit unseres Bewusstseins aus begriffen, gar nichts anderes sein konnte als eine Katastrophe. In Wirklichkeit aber wäre eine gewaltige Revolution des Christentums fällig gewesen, denn unsere bisherigen religiösen Anschauungen sind durch die Entwicklung überholt und bedürfen deshalb einer neuen Gestaltung. Vor 400 Jahren ist es Deutschland gewesen, das der Welt diesen Dienst geleistet hat.

Das Unbewusste ist reine Natur, infolgedessen das, was hinter dem schlimmen Vordergrund steht, eine Naturtatsache jenseits von Gut und Böse ist. Es hängt immer vom menschlichen Begreifen ab, ob der archetypische Gehalt des Unbewussten eine günstige oder nefaste Wendung annimmt. (Br II, 12 f.)

Jene von Jung angesprochene, ja geradezu beschworene Revolution des Christentums aber ereignete sich augenscheinlich nicht. Im kirchlich-konfessionellen Leben bemühte man sich zwar, „neue Wege" einzuschlagen. Aber aufs Ganze gesehen erstreckten die sich in einem restaurativen Rahmen. Bestenfalls in kleinen Kreisen ließ sich etwas von dem umsetzen, was der kirchlichen Allgemeinheit gut getan hätte.

Wie unterschiedlich die Verständnismöglichkeiten im psychologisch-theologischen Dialog nach wie vor beschaffen waren, zeigte das Nebeneinander der Äußerungen des englischen Dominikaners auf der einen Seite und eines Basler Theologen, der sich in jenen Tagen ebenfalls mit einer Veröffentlichung meldete, auf der anderen. Wohl konnte Jung seine Freude über die Äußerungen des Ordensmanns bekunden. Andererseits musste er wenig später (im Februar 1946) ernüchtert zur Kenntnis nehmen, wie schwer sich ein schweizerischer Protestant tat, mit tiefenpsychologischen Einsichten zurechtzukommen.

Mit anderen Worten: Jung musste seinem Landsmann einmal mehr die Inkommensurabilität des Standpunktes verdeutlichen, die sich zu seinem Leidwesen immer wieder abzeichnete. Gemeint war das Gegenüber der archetypischen Inhalte des kollektiven Unbewussten auf psychologischer Seite und die theologische Parallele in Gestalt des Gottesbildes auf der anderen. Jenem Theologen Max Frischknecht muss er sagen:

> *Als Theologe stehen Sie auf dem Standpunkt der scientia divina (d. h. des göttlichen Wissens) und schauen die Welt durch das Auge Gottes. Als Naturforscher sehe ich mit bloß menschlichen Augen, urteile mit den Mitteln des menschlichen Verstandes und maße mir kein anderes Wissen an als dasjenige, das mir wissenschaftliche Erkenntnis gewährleistet [...].*
>
> *Der Naturforscher wird nur konstatieren, dass es zu allen Zeiten und an allen Orten sehr viele Menschen gegeben hat und noch gibt, die „theologisch" und nicht naturwissenschaftlich denken. Er bestreitet die Möglichkeit und mögliche Gültigkeit dieses Denkens keineswegs, nur denkt er nicht so [...].*

Der Begriff des Unbewussten setzt nichts, er benennt nur mein Nichtwissen. Ich konstatiere bloß die evidente Tatsache, dass die Vision[58] *aus dem Seelengrund aufgetaucht ist. Über diesen Grund hinaus gibt es nur unsichere Vermutungen. Aber gerade hier setzt die scientia divina ein, welche ein sicheres Wissen gerade über alle die Dinge, welche die Wissenschaft nicht weiß, zu haben behauptet [...].*

Der Naturforscher muss sich mit der Armut seines bloß menschlichen Wissens begnügen. (Br II, 14 ff.)

Dem Schicksal standhalten

Es fällt auf, mit welcher Bescheidenheit und mit welchem Verzicht auf jede Art von Rechthaberei C. G. Jung sich zu den Grenzen menschlicher Erkenntnisfähigkeit, auch seines kreativen Vermögens bekennt. Dass diese Einsicht nicht resignativ gemeint ist, bedarf keiner besonderen Hervorhebung. Denn selbst und gerade die Erfahrung des Negativen, den Abgrund des Bösen, der durch den Nationalsozialismus offenbar geworden war, empfand Jung als einen Anstoß und als eine zur Bewältigung anspornende Herausforderung, auf der individuell-persönlichen wie auf der kollektiven Ebene.

Am 20. April 1946 – übrigens Hitlers Geburtstag! – räumt Jung einem amerikanischen Analytiker gegenüber ein, dass ihm selbst durch den „alten Hitler, der auf alle Ewigkeit in der Hölle braten möge“, manche Erkenntnis zugewachsen sei, von der er zuvor keine Ahnung gehabt hätte.

> *Er hat uns die Augen geöffnet! Er hat sogar meine Augen mehrere Zoll weit geöffnet. In Ihrem Brief zitieren Sie mein Wort, dass ich keine Illusionen hatte. Dieser Behauptung muss ich widersprechen: Vor der Hitlerära hatte ich noch immer Illusionen; das ungeheuerliche Vorgehen der Deutschen hat sie gründlich zerstört. In der Tat hätte ich nie gedacht, dass der Mensch so absolut böse sein könne. Ich dachte wohl, er könne böse sein, wobei das Böse zumindest einen gewissen Charakter hätte, aber in Deutschland war das Böse verderbt. Es war ein Unrat des Bösen. (Br II, S. 32)*

Doch zu einem nachträglichen Lamento sah Jung keinen Anlass. Schließlich war ihm längst klar, dass selbst das Böse in seinen verschiedenen Erscheinungsformen für den Einzelnen wie für die Menschheit insgesamt und im großen Zusammenhang eine zu bewältigende Lebensaufgabe darstellt. Dass es Grade einer Abgrundtiefe gibt, steht auf einem anderen Blatt! Niemand darf versuchen, jener Aufgabe auszuweichen. Letztlich gehört sie zur Menschwerdung des Menschen.

> *Man könnte sagen, dass die ganze Welt mit ihrem Tumult und ihrem Elend in einem Individuationsprozess steht. Aber die Menschen wissen es nicht, das ist der springende Punkt. Wenn sie es wüssten, würden sie nicht miteinander Krieg führen, denn wer den Krieg innen führt, hat weder Zeit noch Lust, andere zu bekämpfen. Individuation ist keineswegs eine Seltenheit oder ein Luxus der Wenigen: Aber diejenigen, welche wissen, dass sie in einem solchen Prozess stehen, sind glücklich zu schätzen. Sie gewinnen etwas, vorausgesetzt, dass sie bewusst genug sind. Natürlich bleibt die Frage, ob man eine solche Prozedur aushält. Aber das gilt auch für das Leben [...].*
>
> *Individuation ist das gewöhnliche Leben und das, was man davon bewusst gemacht hat. Wenn das jemanden erstaunen sollte, hat er keine Ahnung von dem, was das Leben für jeden bereithält. (Br II, 55)*

Es gelte, die aufgetragene Arbeit, insbesondere wenn sie einige Freude und Befriedigung bereitet, zu kultivieren, und zwar selbst in den äußersten, hoffnungslosen Grenzsituationen des Lebens, in denen man unter bestimmten Umständen geneigt, ja genötigt ist, alle Hoffnung fahren zu lassen.

Die Idee des Selbstmordes, so menschlich begreiflich sie auch ist, erscheint mir nicht als empfehlenswert. Wir leben, um ein möglichst großes Maß an geistiger Entwicklung und an Bewusstwerdung zu erreichen. Solange das Lebens irgendwie auch nur im geringstem Maße möglich ist, sollte man daran festhalten, um es zum Zweck der Bewusstwerdung auszuschöpfen. Vor der Zeit das Lebens abzubrechen, heißt ein Experiment zum Stillstand bringen, das wir nicht angelegt haben. Wir haben uns darin vorgefunden und müssen es bis zum Äußersten durchführen. (Br II, 44)

Wie aber, wenn dies Äußerste die Gestalt einer von unerträglichen Schmerzen begleitete Todeskrankheit (Krebs) angenommen hat, und Jung einräumen muss, er habe Fälle gekannt, wo es geradezu kriminell gewesen wäre, den Selbstmord zu verhindern? Im fraglichen Briefwechsel handelte es sich um Leiden und Sterben einer befreundeten amerikanischen Therapeutin.

Es ist in der Tat eine Frage, ob ein Mensch, der von einer so schrecklichen Krankheit befallen ist, seinem Leben ein Ende setzen solle oder dürfe. In diesen Fällen entspricht es meiner Einstellung, nicht zu beeinflussen. Unter solchen Umständen würde ich den Dingen den Lauf lassen; denn wenn es im Menschen angelegt ist, Selbstmord zu verüben, dann geht tatsächlich sein ganzes Leben in diese Richtung; das ist meine Überzeugung [...].

Man muss es wohl der freien Entscheidung des Individuums überlassen. Alles, was uns falsch scheint, kann richtig sein unter gewissen Umständen, über die wir keine Gewalt haben und deren Sinn wir nicht verstehen [...]. (Br II, 46 f.)

Die wenigsten unter Jungs Briefpartnern erfahren in diesen Jahren nach dem Krieg, aus welcher persönlichen Situation heraus er den Vielen schreibt, die ihn um Rat und Ermutigung bitten.

Nach eigener schwerer Krankheit, die ihn (z. B. 1944) in Todesnähe geführt hat, muss er sich darauf einstellen, dass ihn jederzeit – etwa wie jüngst – wieder eine Embolie einholen könne. Der Einundsiebzigjährige fühlt sich sterbebereit. Aber ob er auch noch den nächsten Brief seines Freundes Father Victor White beantworten könne, wisse er nicht. Und in der Tat, so wie in den folgenden Zeilen konnte Jung nur ihm, den englischen Dominikaner, derart Persönliches anvertrauen. Dazu gehörte – auf die einen Monat zuvor überstandene Herzembolie anspielend – das Geständnis jener gewaltig einsamen Sache, wenn man in Gottes Gegenwart aller Dinge beraubt wird. Und was ihm da widerfuhr, das Schmerzliche samt dem Tröstlichen einer inneren Erfahrung, lässt er ihm ebenfalls wissen; er, ein Mensch, der sich über seine schwindende Leistungsfähigkeit keiner Illusion hingibt.

Die knapp überstandenen Krankheitstage zwingen ihn, für einige Zeit seine bereits in Behandlung befindlichen Patienten zu meiden. Einer amerikanischen Kollegin gegenüber lässt er durchblicken, die Ursache seiner schweren Erkrankung sei ohnehin auf den schrecklichen Konflikt von praktischer therapeutischer Arbeit und dem schöpferischen wissenschaftlichen Wirken zurückzuführen. Gleichzeitig räumt er ein, dass man bei der Analyse eben auch die schöpferischen Kräfte einsetzen müsse. Die stehen ihm aber nicht mehr im bisherigen Maß und nicht mehr in der ihm gewohnten Selbstverständlichkeit zur Verfügung. Das ist eine Tatsache, die er nicht leugnen kann. Immerhin ist ihm der Zufluss an inneren Erfahrungen geblieben, auch wenn er sich mancherlei Veränderungen auszusetzen hatte, darunter solchen, die durch allerlei Medikamente ausgelöst worden sein mochten. Eine ernüchternde Bilanz ist zu ziehen:

Die eigene Ganzheit wird gnadenlos erprobt. Die vielen Narkotika waren zwar notwendig, aber sie machten mich zu einem vollständigen Wrack. Aus dieser schlimmen Situation musste ich mich herausarbeiten und bin nun wieder geheilt. – Gestern hatte ich einen wunderbaren Traum: hoch oben am Himmel ein bläulicher, diamantähnlicher Stern, der sich in einem runden, ruhigen Teich spiegelte – Himmel oben, Himmel unten –. Die Imago Dei in der Dunkelheit der Erde, das bin ich.

Der Traum brachte großen Trost. Ich bin nicht mehr ein schwarzes und endloses Meer von Elend und Leiden, sondern ein Teil davon in einem göttlichen Gefäß. Ich bin sehr schwach. Die Situation ist zweifelhaft. Der Tod scheint nicht in unmittelbarer Nähe, obwohl eine Embolie jederzeit wieder eintreten kann. Ich gestehe, vor einem lang andauernden Leiden fürchte ich mich. Ich glaube, ich bin bereit zu sterben, obwohl es so aussieht, als ob immer noch mächtige Gedanken aufflackerten, wie Blitze in einer Sommernacht. Doch sind es nicht meine Gedanken, sie gehören Gott an, wie alles, das wert ist, erwähnt zu werden. (Br II, 64)

Zwischen hinein dann wieder Briefe, in denen er seine Therapeutenrolle übernehmen kann, jedoch so, dass ein bestimmter in Zürich lebender Patient nicht alle Mühe seinem Arzt aufbürdet, sondern die Auseinandersetzung in eigener Regie übernimmt. Jung meint – vermutlich zu Unrecht – davon ausgehen zu können, dass sein Fragesteller infolge langjähriger Praxis dazu in der Lage sein müsse.

Es handelt sich bekanntlich um einen dialektischen Prozess, den ein Patient unter Zuhilfenahme der Aktiven Imagination mit sich selbst bewerkstelligen könne. Dazu einige Hinweise von allgemeiner Bedeutung samt der Kritik, alles nur von den Therapeuten zu erwarten:

> *Dass ein Mann wie Sie immer noch von Analytikern abhängt, ist nicht ganz in Ordnung. Es tut Ihnen auch nicht gut, sondern führt immer wieder in einen sehr unangenehmen Konflikt Ihrer Gegensätze: den Konflikt von Stolz und Demut. Es tut Ihrer Demut gut, wenn Sie imstande sind, die Gaben des in Ihnen lebenden unbewussten Führers anzunehmen; und es tut Ihrem Stolz gut, sich so weit zu demütigen, dass Sie annehmen können, was Sie empfangen. Ich habe nicht im Sinn, mich schon als Leiche zu benehmen. Darum wäre ich sehr bereit, Ihnen bei einem solchen Versuch zu helfen; aber in Ihrem eigenen Interesse weigere ich mich, mich mit Ihrem Material herumzuquälen. Es ist nur dann hilfreich, wenn Sie das Verständnis dafür durch eigene Bemühung aufbringen. Stolz ist eine wunderbare Sache, wenn man seine Erwartungen zu erfüllen weiß. Haben Sie sich je gefragt, wer mein Analytiker ist? Und wenn es zum Letzten kommt, müssen wir dem Unbewussten allein gegenüberstehen können auf Gedeih und Verderb [...]. (Br II, 75)*

Weil der ungenannte Zürcher schließlich den Eindruck erweckt, trotz längerer Zusammenarbeit mit seinem Therapeuten und der ihm eigenen Vorgehensweise nicht genügend vertraut zu sein, sieht sich Jung veranlasst, ihm eine Art von Privatissimum zu gewähren. Er gibt ihm daher – unter Verweis auf sein Buch „Die Beziehungen zwischen dem Ich und dem Unbewussten“[59] – zusätzliche Informationen.

Diese Anregungen dürften, die Praxis der Aktiven Imagination betreffend, ihres elementaren Charakters wegen auch vielen anderen nützlich sein:

> *Bei der Aktiven Imagination kommt es darauf an, dass Sie mit irgendeinem Bild beginnen, zum Beispiel gerade mit einer gelben Masse*[60] *aus Ihrem Traum. Betrachten Sie das Bild und beobachten Sie genau, wie es sich zu entfalten oder zu verändern beginnt. Vermeiden Sie jeden Versuch, es in eine bestimmte Form zu bringen, tun Sie einfach nichts anderes als beobachten, welche Wandlungen spontan eintreten. Jedes seelische Bild, das Sie auf diese Weise beobachten, wird sich früher oder später umgestalten, und zwar aufgrund einer spontanen Assoziation, die zu einer leichten Veränderung des Bildes führt. Ungeduldiges Springen von einem Thema zum andern ist sorgfältig zu vermeiden. Halten Sie an dem einen von Ihnen gewählten Bild fest und warten Sie, bis es sich von selbst wandelt. Alle diese Wandlungen müssen Sie sorgsam beobachten und müssen schließlich selbst in ein Bild hineingehen. Kommt eine Figur vor, die spricht, dann sagen auch Sie, was Sie zu sagen haben, und hören auf das, was er oder sie (darauf antwortend) zu sagen hat. Auf diese Weise können Sie nicht nur Ihr Unbewusstes analysieren, sondern sie geben dem Unbewussten eine Chance, Sie zu analysieren. Und so erschaffen Sie nach und nach die Einheit von Bewusstsein und Unbewusstem, ohne die es überhaupt keine Individuation gibt. Wenn sie diese Methode anwenden, könnte ich gelegentlich als Ratgeber auftreten, wenn nicht, hat meine Existenz keinen Sinn. (Br II, 76)*

Ergänzend fügt Jung in einem weiteren Antwortbrief dieses verhältnismäßig dichten und somit aufwendigen Gedankenaustausches hinzu:

> *Wenn Sie selbst in Ihre Fantasie hineingehen, dann wird die Überfülle des Materials bald vernünftigere Proportionen annehmen. Wenn Sie aber Ihren Intuitionen die Zügel schießen lassen, werden Sie sogleich von ihnen überschwemmt. Bewahren Sie ihren Kopf und Ihre eigene Persönlichkeit gegenüber der überwältigenden Fülle der Bilder und Aspekte. (Br II, 78)*

Die Last des Alters tragen – „am Rande der Ewigkeit“

Die Zeit der Krankheiten, die den Siebzigjährigen heimsuchten, der Herzinfarkt (1944) samt seinen Begleiterscheinungen ließen ihn Mal um Mal die Begrenztheit seines Lebens und Schaffens bewusst werden. Dass er sich in vorgerückten Alter immer noch viel abverlangte, steht zwar außer Frage. Das kreative Tätigsein entsprach Jungs Naturell. Und ein mit besonderen Gaben ausgestatteter schöpferischer Mensch ist sich selber nie genug. Es fällt ihm bisweilen schwer, sich selbst ein Maß zu setzen, dem er seinem Vermögen nach gerecht werden kann. Immer neue Ideen, die bearbeitet werden wollen, suchen ihn heim.

Doch der gealterte Organismus gibt unmissverständliche Zeitzeichen. Er fordert zum Innehalten auf. Auch das belegen die Briefe Jungs aus den vierziger und fünfziger Jahren des 20. Jahrhunderts, ehe der Tod ihn (1961), wenige Wochen vor Vollendung seines 86. Geburtstags endlich abberuft.

Doch schon lange zuvor drängt sich ihm der Eindruck auf, dass er mancherlei von dem, was bisher zu seinem selbstverständlichen Arbeitspensum gehört hat, jetzt wohl zum letzten Mal tun werde. Daher die Bemerkung aus den Julitagen des Jahres 1947:

> *Das gibt einen seltsamen Klang. Zum ersten Mal seit ungezählten Jahren konnte ich meine Kartoffeln und meinen Mais nicht mehr anpflanzen; Unkraut überwuchert den Flecken schwarzer Erde, so als sei der Besitzer gegangen. Die Dinge und das äußere Leben gleiten an mir vorüber und lassen mich in einem Reich von Gedanken*

zurück, die der Welt nicht angehören, und in einer Zeit, die nach Jahrhunderten zählt. (Br II, S. 86 f.)

Im Juli 1947 kann er zwar Erich Neumann nach Israel schreiben, dass es ihm nach allem, was hinter ihm liegt, wieder recht gut gehe. Aber die Last der bisher absolvierten 72 Jahre sei durchaus spürbar. Und es sind, wie es in dieser Lebenssphäre gar nicht anders sein kann, noch eine Reihe anderer Zeichen der altersbedingten Minderung der Kräfte an Leib und auch an der Seele zur Kenntnis zu nehmen, mahnende Zeichen des Verzichts oder solche des Verlustes.

Dennoch hält ihn die Arbeit weiterhin in der Pflicht. Beispielsweise nennt er das Korrekturlesen vor Drucklegung der im Werden befindlicher Bücher, daneben die prüfende Lektüre von Manuskripten, die ihm auch in dieser Lebenslage von ihm nahestehenden Lesern und Freunden zugemutet werden. Das Drum und Dran des Alltäglichen bleibt unerwähnt. Und doch wird ihm bewusst, dass vieles bereits „am Rande der Ewigkeit" stattfindet.

Während er von seinem Bollinger Turm aus, wo er Tage eines rührigen Einsiedlers verbringt, Tage, die eigentlich für seine Rehabilitation gedacht sind, schreibt er seiner langjährigen Mitarbeiterin Aniela Jaffé und vertraut Ihr Geheimnisse seines reifen, die unverschiebbaren Grenzen tangierenden Lebens an. Mancherlei Menschlich-allzu-menschliches kommt zur Sprache, – das Protokoll während des schleichenden, zugleich eigentümlich eilenden Alterungsvorgangs. Man erfährt, was er zu diesem Zeitpunkt als Arbeitspensum zu betrachten hat:

Ich habe an mindestens vier Wochentagen bis drei Stunden Schreibarbeit. Das ist ungefähr das Maximum, das ich leisten kann, ohne den Exzess mit gestörtem Schlaf und entsprechenden Herzsymptomen bezahlen zu müssen [...].

Alles geht langsam, und ich muss mich schonen, da meine Herztätigkeit noch immer arrhythmisch ist [...].

Mit den Bergen wird es wohl nichts. Es ist mir alles zu umständlich. Ich kann höchstens eine Viertelstunde lang gehen, und damit kommt man nirgendshin. Ich sehe zu meinem Schrecken, dass ich nur von mir rede. Bitte, verzeihen Sie diesen greisenhaften Egoismus. Das 79te Jahr ist 80 minus 1, und das ist ein terminus a quo, den man nicht anders als ernst nehmen kann. Das Provisorium des Daseins ist unbeschreiblich. Alles, das man tut, ob man eine Wolke betrachtet oder die Suppe kocht, ist am Rande der Ewigkeit getan und ist gefolgt vom Suffix der Unendlichkeit. Es ist zugleich bedeutsam und futil. Und so ist man selber, ein wunderlich lebendiges Zentrum und zugleich ein Moment, der schon vergangen ist. Man ist, und man ist nicht. Dieser Geisteszustand befängt und umgrenzt mich. Ich sehe nur mit Anstrengungen darüber hinaus in eine quasi an sich bestehende Welt, die ich kaum mehr erreiche oder die mich hinter sich lässt. Alles ist richtig, denn mir fehlt die Kraft, es zu ändern. Das ist das Debakel des Alters. (Br II, 343 f.)

Und dieses sein unabwendbares Debakel ist durch mancherlei Komponenten garniert. Der Kreis der durch Freundschaft und Liebe verbundenen Menschen lichtet sich in bedrückend rascher Folge, von Jahr zu Jahr. Die bisher als selbstverständlich Dazugehörigen fehlen. Das bedeutet eine schrittweise sich einstellende Vereinsamung!

Ende 1950 verliert Jung – fünfundsiebzigjährig – seinen letzten nahen Jugendfreund Albert Oeri. Bald folgt unvermittelt und fast schlagartig der Tod von Toni Wolff, der – neben seiner 1955 verstorbenen Frau Emma – wichtigsten Mitarbeiterin, der über Jahrzehnte hinweg freundschaftlich verbundenen Lebensgefährtin. Plötzlich ist da eine menschliche Leere, die durch niemand und nichts ausgefüllt werden kann. Es gibt eben niemand mehr, mit dem oder mit der man Persönlichstes austauschen kann, – und sei es in Momenten eines schweigenden Gegenüberseins. Diese entschwindende Lebens- und Schaffensteilhabe kennt keinen Ersatz. Erst wenn man selbst davon betroffen ist, ermisst man, was man in und zwischen den Zeilen dieser Briefe an menschlicher Tragik zu lesen bekommt. Erst das Gewahrwerden eigener Tragik macht die des Mitmenschen verständlich!

> *Man ist von einer Vergangenheit übrig geblieben und ist dies mit jedem kommenden Jahr mehr. Der Blick wendet sich ab von der Zukunft der Menschenwelt, in der zwar unsere Kinder, nicht aber wir leben werden. Beneidenswert ist das Los derer, die in der Dunkelheit der Welt, in befangenem Horizont und in der Blindheit des Nichtwissens dem Fluss unserer Tage des Daseins Aufgabe erfüllend, folgen müssen, um ihre Lebenssphäre, die einst lebenserfüllte urkräftige Gegenwart war, Stück um Stück abbröckeln, in den Abgrund der Vergangenheit stürzen zu sehen. (Br II, 205)*

Diese, an die Witwe des jüngst verstorbenen Freundes Albert Oeri gerichteten Worte scheinen keines Trostes und keiner Zuversicht mehr Raum zu geben. Glücklicherweise trügt der Schein. Immerhin kann der Mittrauernde zuversichtlich gestimmt hinzufügen:

> *Dieser Anblick des Alters wäre wohl unerträglich, wenn wir nicht wüssten, dass unsere Seele in eine Region reicht, die weder der Veränderung in der Zeit noch der Beschränkung durch den Ort verhaftet ist. In jener Seinsform ist unsere*

Geburt ein Tod und unser Tod eine Geburt. Im Gleichgewicht hängen die Waagschalen des Ganzen. (Br II, 205)

Eine Ergänzung dieser Gedanken finden sich im Kondolenzschreiben an die Tochter des Verstorbenen. Vielleicht darf man annehmen, dass Jung als der trauernde Freund, die Trostworte – cum grano salis – sich selbst zuspricht. Nicht zufällig erwähnt er in diesen beiden Schreiben und in manch anderen die Altersmüdigkeit, die er peinigend empfindet:

Wenn die Kräfte versagen, die Teilnahme am Leben Anstrengung bedeutet und die große Müdigkeit sich über alles legt, dann bedeutet der Tod die Wohltätigkeit des Schlafes. Man möchte die Welt, wenn sie einmal versinkt, nicht wieder erstehen sehen. Nur wir, die Lebenden, sind es, die etwas verloren haben und diesen Verlust beklagen. Alles geht vorüber, und die Gräber sind die Meilensteine des Daseins. Für die Jungen schlägt der Tod der Eltern ein neues Kapitel des Lebens auf. Sie sind jetzt die Träger des Lebens und der Gegenwart, und nichts schwebt mehr über ihnen als ein noch unerfülltes Schicksal. Zu diesem wünsche ich Ihnen allen nötigen Mut. (Br II, 205 f.)

Im psychologisch-theologischen Dialog II

Die im Zusammenhang mit dem Alterungsprozess und dem Verlust lieber Menschen geäußerten Gedanken[61] können Jungs Wissen und Gewissheit nicht mindern, wonach die Seele mit Regionen in Verbindung bleibt, die sich über Raum und Zeit hinaus ausdehnen. Bezeugt ist dies im Besonderen in den Schriften seines Spätwerks, zu denen unter anderen „Symbolik des Geistes“ (1948), „Aion“ (1951) sowie das durchwegs kritisch diskutierte Buch „Antwort auf Hiob“ (1952) gehören. Doch erst mit dem posthum veröffentlichten „Mysterium Coniunctionis“, dem zweibändigen Hauptwerk seiner späten Jahre, war Jungs Psychologie endgültig in die Wirklichkeit gestellt und als Ganzes untermauert, wie er in seinen Erinnerungen anmerkt.[62] An diese Stelle ist Jungs darin notierte Selbsteinschätzung seines Lebenswerk zu setzen.

> *Meine Werke können als Stationen meines Lebens angesehen werden, sie sind Ausdruck meiner inneren Entwicklung, denn die Beschäftigung mit den Inhalten des Unbewussten formt den Menschen und bewirkt seine Wandlung. Mein Leben ist mein Tun, meine geistige Arbeit. Das eine ist vom anderen nicht zu trennen. Alle meine Schriften sind sozusagen Aufträge von innen her; sie entstanden unter einem schicksalshaften Zwang. Was ich schrieb, hat mich von innen überfallen. Den Geist, der mich bewegt, ließ ich zu Worte kommen. Ich habe nie mit einer starken Resonanz auf meine Schriften gerechnet. Sie stellen eine Kompensation zu meiner kontemporären Welt dar, und ich musste das sagen, was niemand hören will. Deshalb bin ich mir, besonders am Anfang, oft so verloren vorgekommen [...].*

Die Hauptsache war mir aber immer, dass das, was ich sagen musste, gesagt worden ist. (Erinnerungen, 225 f.)

So gesehen geschah Jungs psychologisch-theologischer Dialog zum einen in ihm und mit sich selbst. Das entspricht dem lebenslangen Austausch und Zusammenwirken zwischen dem Ich und dem Unbewussten. Zum anderen konnte er auf das kollegiale Gegenüber mit seinen Brüdern und Schwestern im Geist nicht verzichten; und das sind jene, die ihn durchaus hören und lesen wollten, vor allem diejenigen, die auch etwas von dem verstanden, was ihm zur Weitergabe anvertraut worden war.

Der fortlaufende Briefwechsel mit religionspsychologisch Interessierten hat durch die Freundschaft mit Father White eine ganz besondere Note erhalten. Was Jung kaum einem anderen Menschen ans Herz zu legen vermochte, ihm konnte er es mitteilen – genauer: mit ihm konnte er es teilen, so wie man mit einem nahen Freund Wesenhaftes, das tägliche Brot, teilt. Dazu gehört die Teilhabe am eigenen Schaffen samt den weiteren Stationen auf dem Weg, den er zu und mit dem Christus gedanklich abschritt.

Eines Tages scheint es ihm, als müsse er komplizierte Aspekte mit elementaren Motiven seiner Psychologie (z. B. Anima, Animus, Schatten, Selbst ...) von Neuem ins Licht stellen. Und dann gesteht er freimütig, wie es ihm dabei ergangen ist, nämlich nicht etwa so, wie einem, der sich auf dem fraglichen Feld längst auskennt, sondern als einer, der dabei – erstaunlicherweise oder auch nicht – seiner Überforderung gewahr wird:

Ich sträubte mich, denn ich wünschte meinem Kopf Ruhe. In letzter Zeit litt ich an schwerer Schlaflosigkeit und wollte jeder geistigen Anstrengung aus dem Weg gehen. Trotz allem fühlte ich einen Zwang, sozusagen blind mit dem Schreiben zu beginnen, ohne zu wissen, wohin es mich führen würde. Erst nachdem ich etwa 25 Folioseiten geschrieben hatte, begann es mir zu dämmern, dass Christus – nicht der Mensch, sondern das göttliche Wesen – mein geheimes Ziel war. Das war ein Schock, denn einer solchen Aufgabe fühlte ich mich keineswegs gewachsen [...].

Ich durfte nicht aufhören. Als ich weiterschrieb, kam ich zum Archetypus des Gottmenschen und zum Phänomen der Synchronizität, die mit diesem Archetypus zusammenhängt. Und so gelangte ich zum Thema des „Ichthys" (Fisch) und des damals beginnenden Äons[63].

Es ist zweifellos bedeutsam, dass Jung in der gebotenen, jedoch oft missachteten Weise differenziert, und zwar entgegen der dogmatischen christologischen These – „wahrer Gott und wahrer Mensch" – von der Einheit des irdischen Jesus und des geglaubten Christus. Damit kommt er auf den mystischen Christusaspekt zu sprechen, der für ihn bedeutsam ist und den er hier das „göttliche Wesen" nennt. In Übereinstimmung mit der christlichen Mystik steht Jung insofern, als er auf die Erfahrbarkeit dieses Christus setzt[64].

Es ist gewiss kein Zufall, dass es in der Hauptsache katholische Theologen, das heißt im spirituellen Leben verwurzelte Menschen sind, mit denen er sich darüber austauschen kann. Dem ihm auf diese Weise nahestehenden schweizerischen Theologen Gebhard Frei schreibt er in den Tagen seines Briefwechsels mit Father White ein Geständnis seiner tatsächlichen mystischen Orientierung:

Christus ist doch in uns und wir in ihm! Warum soll denn die Wirkung Gottes und die Gegenwart des Menschensohns (hyos tou anthrópou) in uns nicht wirklich und erfahrbar sein? Ich bin Gott jeden Tag dankbar, dass ich die Wirklichkeit der imago Dei in mir erfahren durfte. Hätte ich das nicht, so wäre ich ein bitterer Feind des Christentums und der Kirche insbesondere. Dank diesem actus gratiae (Gnadenakt) hat mein Leben Sinn, und mein inneres Auge wurde aufgetan für die Schönheit und Größe des Dogmas. (Br II, 108)

Von daher gesehen wird es nicht allzu sehr verwundern, wenn Jung sich hinsichtlich seiner eigenen spirituellen Erfahrung einmal mit dem Apostel Paulus vergleicht, der als erster Repräsentant der christlichen Mystik und als Zeuge der Gottesgegenwart zu gelten hat.[65] Nach einem antiken Weisheitswort, auf das sich Paulus in seiner Rede in Athen bezieht, sind wir im Grunde unseres Seins allesamt göttlicher Abkunft (genus divinum).[66]

Die göttliche Präsenz gilt mehr als irgendetwas anderes. Es gibt mehr als einen Weg, um das genus divinum in uns wiederzuerkennen. Das ist das Einzige, was wirklich zählt. Gab es je einen Einsameren als Paulus? Sogar sein Evangelium traf ihn unmittelbar, während er die Männer in Jerusalem verfolgte wie das ganze Römische Reich. Ich ersehnte den Beweis des lebendigen Geistes, und erhielt ihn [...].

Ich möchte niemand anderem einen Weg vorzeichnen, denn ich weiß, dass mir der Weg von einer Hand vorgeschrieben wurde, die weit über mich hinausreicht. – Ich weiß, das alles tönt verdammt groß [...].

Ich versuche nur, ein bescheidenes Werkzeug zu sein, und fühle mich alles andere als groß. (Br II, 114)

Es versteht sich, dass Jung dergleichen nur einem der sehr wenigen Menschen von der Statur eines Victor White gegenüber in dieser Weise äußern kann. White ist es auch, dessen Deutung der frühchristlichen Gnosis Jung veranlasst hat, sich selbst zu fragen, wie es mit seinem eigenen Glauben steht, sofern er überhaupt als Glaubender anzusehen sei. Mit der ihm eigenen Offenheit, die er sich in einer Reihe von Briefen gestattet, legt er dar, was er unter Glaube versteht und auf welche Weise er sein Schaffen als Psychologe zum Wesen des religiösen Glaubens in Beziehung setzt.

Wenn der Glaube für Jung etwas zutiefst Achtenswertes darstellte, so konnte er dabei dennoch nicht stehen bleiben. Ihm oblag, – und das macht ihn zum Gnostiker, zum Esoteriker – das zu Glaubende auch erkenntnismäßig zu durchdringen und sich innerlichst, nicht nur gedanklich, anzueignen; und das ist, qualitativ betrachtet, bei Weitem mehr als ein ihm von Jugend an geläufiges, bloß äußeres Bekennen aufgrund dogmatischer Sätze:[67]

> *Ich war nie imstande, etwas zu glauben, und ich bemühte mich so sehr, dass ich schließlich nicht mehr wusste, was Glaube ist oder meint [...].*
>
> *Für mich ist Glaube oder das Äquivalent des Glaubens etwas, das ich als Achtung bezeichnen würde. Ich habe Achtung vor der Wahrheit. Anscheinend beruht diese Achtung auf einem spontanen Gefühl, dass es etwas gibt, das der dogmatischen Wahrheit entspricht, etwas, das zunächst undefinierbar ist. Aber ich habe Achtung davor, auch wenn ich es nicht wirklich verstehe. Und ich kann sagen, dass mein Lebenswerk in erster Linie einen Versuch darstellt, das zu verstehen, was andere offenbar glauben können. Der christlichen Wahrheit muss – so schließe ich – eine sehr starke Motivationskraft innewohnen, sonst wäre nicht zu erklären, dass sie mich so*

tief beeinflusst. Sie verstehen: meine Achtung ist keine Sache der bewussten Entscheidung. Sie ist ein „datum" irrationaler Natur. Näher kann ich dem, was mir „Glaube" zu sein scheint, nicht kommen. Es geht jedoch um nichts Spezifisches; denn ich hege die gleiche Achtung für die Grundgedanken des Buddhismus und die taoistischen Ideen. (Br II, 126)

Dass eine taoistisch getönte Lebenseinstellung Jung gemäß ist, ergibt sich aus der Weise, wie er seinen Alltag gestaltet, namentlich wenn er sich in seinen Turm nach Bollingen zurückzieht, wo er als ein dem elementaren Leben Verbundener sein Holz spaltet und über dem offenen Herdfeuer seine Suppe kocht. Auch leugnet er nicht, wie stark seine Achtung des Christentums von seiner christlichen Erziehung abzuleiten sei, was verständlicherweise aber weder vom Buddhismus, Taoismus und einigen Aspekten des Islams gesagt werden könne. Ihm selbst kommt es merkwürdig vor, dass ihn die Hindu-Theologie in ihrer Vielgestaltigkeit nie in gleichem Maße angezogen habe, wiewohl sie ihn früher einmal intellektuell sehr habe fesseln können. Daran hat seine Indienreise während der dreißiger Jahre offensichtlich nichts oder nicht viel geändert.

In letzter Zeit hat mich die Gnosis wieder in ihrer ganzen Lebendigkeit berührt; ich war tief versunken in die Frage, wie die Gestalt Christi von der hellenistischen Naturphilosophie und somit auch von der Alchemie rezipiert wurde.[68]

Unter den inhaltsreichen Briefen, die Jung zu religionspsychologischen Fragestellungen schrieb, gehören auch jene an die schweizerische Pfarrerin Dorothee Hoch. Sie hatte 1952 in einem Basler Kirchenblatt eine Besprechung zu „Antwort auf Hiob" veröffentlicht, dann den Text an den Autor geschickt und damit einen gründlichen, über einige Monate sich erstreckenden Gedankenaustausch eröffnet. Darin kamen eine Reihe von theologisch-psychologischen Fragen zur Sprache. Freilich hatte Jung Grund, bei der Theologin eine gewisse Unbekümmertheit um psychologische Tatbestände anzumerken. Ebenso kritisch wie selbstkritisch äußert er sich über die heute praktizierte Weise des – vermeintlichen – Christseins.

> *Wir ahmen Christus nach und hoffen, dass er uns von unserem eigenen Schicksal erlösen werde. Wir folgen als Lämmlein dem Hirten, natürlich auf eine gute Weide. Dass wir unser Oben und Unten zusammensetzen, davon ist gar keine Rede. Im Gegenteil: Christus und sein Kreuz erlösen uns von unserem Konflikt, den wir einfach stehen lassen. Wir sind gesetzes- und traditionstreue Pharisäer, wir fliehen die Häresie und sind nur auf die imitatio (Nachahmung) Christi bedacht, aber ja nicht etwa auf die uns auferlegte eigene Wirklichkeit, die Vereinigung der Gegensätze in uns, sondern ziehen es vor zu glauben, dass Christus dies für uns schon getan habe. Anstatt dass wir uns selbst, das heißt unser Kreuz, selber tragen, beladen wir Christus mit unseren ungelösten Konflikten. Wir stellen uns unter sein Kreuz, aber beileibe nicht unter unser eigenes [...].*
>
> *Wer nur im Sinn und Geist Christi lebt, ist christlich. Wer Christus imitiert und sozusagen die Unverschämtheit besitzt, Christi Kreuz auf sich nehmen zu wollen, wo er nicht einmal sein eigenes tragen kann, hat nach meiner Ansicht noch nicht einmal das ABC der christlichen Botschaft verstanden. (Br II, 290)*

Jung vermutet – und darin dürfte er ins Schwarze treffen – dass die traditionelle Theologie und Verkündigung, die von ihm angeprangerte Christusdeutung eher noch fördert, statt sich in den Prozess der Selbst-Werdung hineinzustellen. Und diesen Prozess sieht Jung in den Bildern des Christuswegs symbolisiert, die Evangelienschilderungen als Bilder des je eigenen Wegs.

> *Man will aber nur von Christi Kreuz reden, und wie herrlich sein Kreuzestod uns den Weg geebnet und unsere Konflikte gelöst habe. Man könnte unter anderem entdecken, dass das Christusleben in jedem Zuge ein Vorbild der Individuation und deshalb unnachahmlich ist: Man kann nur im gleichen Sinn sein eigenes Leben total leben mit allen Konsequenzen*[69]*. Das ist hart und muss deshalb verhindert werden [...].*
>
> *Der Widerstand gegen die Seele und ihre Entwertung als „nur psychisch" ist zu einem Gradmesser der pharisäischen Heuchelei geworden. Man sollte doch froh sein darüber, dass die dogmatischen Vorstellungen psychologische Grundlagen haben. Hätten sie das nicht, so würden sie ewig fremd bleiben und schließlich verdorren, was sie im Protestantismus schon richtig tun. Das wünscht man aber unbewusst, weil man dann nicht mehr an das eigene Kreuz erinnert wird und dann um so ungehinderter vom Kreuz Christi reden kann, das uns von unserer eigenen, von Gott selber gewollten Wirklichkeit wegnimmt. (Br II, 291 f.)*

In diesem Gedankenaustausch kommt Jung auf Christus in seiner Beziehung zum Selbst[70], das heißt zu jener dem alltägliche Ich übergeordneten Instanz der menschlichen Wesenheit zu sprechen, und inwiefern Christus der Menschheit einen neuen Mythos, einen neuen Lebenssinn, gebracht habe. Es müsse freilich in Predigt und Unterweisung gezeigt werden, inwiefern dies für uns heute zutrifft.

> *Wenn ich das historische Gewordensein des Christentums betone, so heißt das nicht, dass ich das Neue, das es bringt, übersehe. Ich möchte nur den Übergang mildern, damit man den Sinn der Botschaft verstehen kann [...].*
>
> *Gewiss handelt es sich um den Sinn und Inhalt der Mythologeme. Sicher ist „Christus" ein neuer Sinn des Mythus für den antiken Menschen. Aber wenn wir nach 2000 Jahren immer noch die Neuigkeit betonen, so müssen wir zugleich nachweisen, worin eigentlich das für uns Neue besteht, das wir noch nie gehört und verstanden haben [...].*
>
> *Es braucht hier einen neuen Ansatzpunkt, den man ohne neue Sinngebung nicht finden kann. Die Botschaft lebt nur, wenn sie einen neuen Sinn zeugt. Ich glaube keineswegs, dass sie erschöpft ist, viel eher die Theologie. [...]*
>
> *Wenn das Sterben und Auferstehen Christi mein Sterben und Auferstehen bedeutet, das heißt wenn a = b, dann ist auch b = a. Dass Christus das Selbst des Menschen ist, findet sich zwar implicite schon im Evangelium, aber der Schluss Christus = Selbst ist nie deutlich gezogen worden. Das ist die neue Sinngebung, eine weitere Stufe der Inkarnation respektive der Verwirklichung Christi [...].*
>
> *Eines der größten Hindernisse unserer seelischen Entwicklung ist, wie mir scheint, das Überhören der inneren Stimme zugunsten eines kollektiven konventionellen Ideals, das uns unempfindlich macht gegen die Schäden*

am eigenen Haus und uns das Recht verleiht, dem Nachbarn gute Ratschläge zu erteilen. (Br II, 299 ff.)

Gerade weil Jungs Gesprächspartner zu einem nicht geringen Teil Theologen waren, darunter vielfach solche, mit denen er sich in der Auseinandersetzung schwer tat, konnte er manchmal nicht an sich halten; er musste etwas von seinen Eindrücken und Empfindungen preisgeben, – so auch mit kritischen Anmerkungen gegenüber Dorothee Hoch:

Ich habe nichts gegen Ihre theologischen Formulierungen einzuwenden, und wenn ich diese kritisieren wollte, so müsste ich zuvor sehr viel mehr theologische Kenntnisse erwerben. Sie verfahren mit der Psychologie unbekümmert und merken gar nicht, wie sehr Sie diese missverstehen. Mein Bemühen ging deshalb dahin, Ihnen eine etwas richtigere Auffassung meiner Psychologie beizubringen. Das ist offenbar nicht möglich, wie ich zu meinem Bedauern einsehen muss. Es ist wirklich nicht leicht, mit den Theologen ins Gespräch zu kommen: sie hören nicht den anderen (der von vornherein unrecht hat), sondern nur sich selbst (und nennen dies das Wort Gottes). Das kommt vielleicht daher, dass sie gezwungen sind, von der Kanzel herunter zu predigen, worauf niemand antworten darf. Diese Einstellung, der ich ungefähr überall begegnete, hat mich aus der Kirche verscheucht, wie so viele andere auch. (Br II, 330)

Phänomene des Künstlerischen

Die Seele bezeichnete Jung als „die Mutter und das Gefäß aller Wissenschaften sowohl wie jeglichen Kunstwerkes". Von daher sei es klar, „dass die Psychologie – als Wissenschaft der seelischen Vorgänge – mit der Literaturwissenschaft in Beziehung gesetzt werden kann [...]. Die Wissenschaft von der Seele sollte demgemäß imstande sein, die psychologische Struktur des Kunstwerkes einerseits und die psychologischen Bedingungen des künstlerisch schöpferischen Menschen andererseits aufzuzeigen und zu erklären."[71] Dabei stand für ihn außer Frage, dass er auch hinsichtlich künstlerischer Betätigung sich an die sich zeigenden Phänomene zu halten und die Eigengesetzlichkeit kreativen Schaffens zu beachten hatte. Seine empirische Vorgehensweise bedeutete auch auf diesem Gebiet Verzicht auf metaphysisch oder philosophisch ausgerichtete ästhetische Urteile.

> *Ich bin nur dagegen, dass die Künstler es halten wie die Theologen, über die man nichts Kritisches sagen darf. Ich sehe nicht ein, warum Künstler nicht eine genauso menschliche Psychologie haben wie alle andern. Der Anspruch darauf, die unfehlbare Stimme Gottes zu verkünden, ist mir unsympathisch in der Theologie sowohl wie in der Kunst. Vom künstlerischen Standpunkt aus weiß ich die Tat der modernen Kunst wohl zu schätzen. Vom Standpunkt des Psychologen muss ich sagen, von was für einer Art sie ist. Ich habe in meinem Artikel in der NZZ ausdrücklich bemerkt, dass ich nicht von Kunst spreche, sondern von Psychologie.*[72]

> *[...] Übrigens verfehlt die Kunst auch ganz ihren erzieherischen Zweck, wenn man nicht einsieht, dass sie die Krankheit unserer Zeit darstellt. Darum ist diese Kunst weder erfreulich noch erhebend, sondern [...] ein „Schrei". Ein Schrei aber ist immer, was er eben ist, nämlich ein Geräusch und keine Musik. Darum werde ich unentwegt die Ansicht festhalten, dass moderne Kunst viel richtiger psychologisch beurteilt wird als künstlerisch. Kunst kommt von Können, „Stammeln" aber ist nicht Können, sondern erst ein erbärmlicher Versuch zum Sprechen. Ich will damit die moderne Kunst selbstverständlich nicht decouragieren, sie muss ihre Versuche fortsetzen, und ich wünsche ihr Glück dazu. (Br I, 144)*

Wie schwer es Jung fiel, Verständnis für die zeitgenössische Kunst zu gewinnen und welchen Grad an Antipathie er in den dreißiger Jahren entwickelt hatte, zeigt seine Äußerung, zu der er sich aufgrund eines Artikels in der Neuen Zürcher Zeitung vom 14. September 1932 veranlasst sah. Die Sorge, etwa als Kunstbanause bezeichnet zu werden, entwickelte er offensichtlich nicht.

> *Vom künstlerischen Standpunkt habe ich Ihren Artikel in der NZZ durchaus verstanden, kann aber die moderne Kunst deshalb doch nicht billigen, das heißt schön finden. Ich finde sie ausgesprochen scheußlich. Der Grund hierfür scheint mir zu sein, dass die Kunst, ohne es zu merken, in den Geist eingebrochen ist und den unbewussten Sinn darstellerisch herausarbeiten möchte. Ich kann moderne Kunstwerke nur als Unterweltgötzenbilder verstehen. Solche aber erschließen sich meinem Verständnis nur durch die Kenntnis der Psychologie des Unbewussten. Ästhetisch affizieren sie mich nicht. Es ist sehr wohl möglich, dass mein Standpunkt der*

> *eines Philisters ist, aber ich kann sie, weiß Gott, nicht schön finden. Vielleicht ist solches für andere Jahrhunderte schön, in diesem Falle bin ich dem Schöpfer dankbar dafür, dass der Mensch keine 200 Jahre lang lebt, sonst fände er sich plötzlich in einer Zeit in der der ersticken müsste. (Br I, 153)*

Wie aus einer Reihe von Stellungnahmen zu Kunstwerken ersichtlich, orientierte sich Jung – offensichtlich dem Gros seiner Zeitgenossen folgend – an einem klassischen Kunstkanon, an dem er Schöpfungen seiner Zeit maß. Dass er surrealistischen Werken wie etwas denen des Malers Edgar Ende[73] verständnislos gegenüberstand, und dass er ihnen gegebenenfalls pathologische Züge beimaß, ist einem Brief vom 28. Januar 1937 zu entnehmen.

> *Die Bilder von Ende sind einerseits interessant, andererseits in höherem Maße undeutbar, da sie nicht, wie Goethe es will, auf Allgemeines hindeuten, sondern auf ein Allgemeines, das hinter Einmaligem und Persönlichem verborgen ist. Die symbolische Gestalt ist für Ende wesentlich nur ästhetisches Problem, vor dem er die Segel gestrichen hat. Es liegt aber an dem, was ich bei Künstlern oft gefunden habe, dass sie wohl der auffälligen Gestalt nachjagen, nicht aber der bedeutenden. […] Man merkt es den Bildern peinlich an, dass der Maler selber vor verschlossenen Türen steht, durch welche allerdings ein Strahl herausfällt, aber ein schiefer. Das ist die Krankheit unserer gegenwärtigen Kunst, dass sie nur abmalt oder zeichnet und es sich zur Tugend anrechnet, nur ja nicht zu denken, im Gegensatz zu den großen Künstlern der Renaissance […]. Die Größe des Renaissance-Künstlers liegt nicht zum geringsten darin, dass er aus der Ganzheit seiner Persönlichkeit heraus arbeitet, während der Künstler von heute das Sinnvolle möglichst vermeidet. (Br I, 287)*

Nimmt man andere Meinungsäußerungen hinzu, dann erstreckt sich Jungs problematische Einstellung darüber hinaus auf die Moderne als solche. Als Fünfundsechzigjähriger, der sich bereits als alt und in mancher Hinsicht als hilflos und „dieser Welt" als entfremdet empfindet, schreibt er im Kriegsjahr 1940 an einen Freund – und deshalb einigermaßen ungeschützt – nach England:

> *Ich liebe die Natur, aber nicht die Welt des Menschen noch die Welt, die kommen wird [...]. Im Herbst nehme ich meine Vorlesungen an der ETH über den Individuationsprozess im Mittelalter wieder auf, für mich das Einzige, was als modern gelten könnte! Ich hasse den neuen Stil, die neue Kunst, die neue Musik, Literatur, Politik und vor allem den neuen Menschen. Er ist die alte Bestie, unverändert seit den Troglodyten. (Br I, 359)*

Jungs Beurteilung moderner Kunst veranlasste die Redaktion der schweizerischen Kulturzeitschrift „Du" (1942) ihn mit der Frage zu konfrontieren: „Warum können wir nicht mehr malen wie die Romantiker?" Angesichts der katastrophalen Lage, die der Zweite Weltkrieg mittlerweile europaweit – selbst in der neutralen Schweiz – verursacht hatte, musste der Befragte ablehnen, darüber zu publizieren. Offensichtlich resultierte diese Ablehnung auch infolge eines bei ihm gewandelten oder in Wandlung begriffenen Kunstverständnisses.

> *Es nützt uns nichts mehr heutzutage, wenn wir uns auf irgendwelche Sicherheiten berufen wollen. Zutiefst wissen wir, dass alles wankt. Wo die Erde bebt, da gibt es nur noch hastige und abgerissene Fragmente, aber keine dicht gewobene und harmonische Blumenteppiche. Ein romantisches Ideal würde in unserer Zeit wirken wie ein Fetzen aus einem Fiebertraum.*

Darum ist es schon viel besser, wenn die moderne Kunst die tausend farbigen Scherben des zerschlagenen Geschirrs malt, als wenn sie sich bestreben sollte, eine trügerische Ruhe über der abgründigen Unruhe zu verbreiten. Das Groteske, das Hässliche, das Verzerrte, ja das Abscheuliche schlechthin passt zurzeit, und wenn nicht eine neue Sicherheit sich irgendwo erhebt, so wird auch die Kunst fortfahren, Unruhe und Unmenschlichkeit auszusagen. – Das ist alles, was ich zu dieser Frage etwa sagen könnte. Es ist hastig und abgerissen, wie das, worüber man spricht. (Br I, 391 f.)

An seine amerikanische Schülerin Esther Harding gerichtet, räumte Jung (1947) ein, dass er „gegenüber allen Zweigen moderner Kunst" voreingenommen[74] sei: „In den meisten Fällen ist sie morbid und dazu noch boshaft" (Br II, 86). Auf die Frage eines deutschen Lesers (1952) nach Aspekten des Magischen beziehungsweise des Dämonischen in der modernen Kunst, räumte er ein:

Zweifellos drängt in der modernen Kunst das Unbewusste mit seiner Dynamik zur Oberfläche und zerstört damit die dem Bewusstsein eigentümlichen. Dieser Vorgang ist eine Erscheinung, die sich in mehr oder weniger ausgeprägter Form zu allen Zeiten beobachten lässt […]. Diese episodischen oder regelmäßigen Durchbrechungen der Ordnung sind als psychohygienische Maßnahmen zu betrachten, indem sie den unterdrückten chaotischen Kräften von Zeit zu Zeit Luft schaffen.

In der Gegenwart findet Derartiges offenbar in größtem Maßstab statt, indem die kultischen Ordnungen die primitiven Ungeordnetheiten zu lange und zu gewaltsam unterdrückt haben. Wenn man die Kunst, wie ich glaube, prospektiv verstehen kann, so kündigt sie deutlich das Heraufkommen auflösender Kräfte der Unordnung an. Sie schafft Luft, indem sie den Zwang der Ordnung aufhebt. Ich bin zwar geneigt, das, was heraufkommt, als das Gegenteil von Kunst zu verstehen, da es an sich der Ordnung und Gestaltung ermangelt. Das heraufströmende Chaos verlangt nach neuen symbolischen Gesamtideen, welche nicht nur die bisherigen Ordnungen, sondern auch die wesentlichen Inhalte des Ungeordneten umfassen und ausdrücken. Solchen Ideen käme eine sozusagen magische Wirkung zu, da sie die zerstörenden Kräfte des Ungeordneten zu bannen vermögen, wie das zum Beispiel im Christentum und in allen Religionen überhaupt der Fall gewesen ist.

Nach alter Tradition wird diese Magie als die Weiße bezeichnet, die sogenannte Schwarze Magie dagegen erhebt die zerstörenden Impulse zur einzig gültigen Wahrheit im Gegensatz zur bisherigen Ordnung, und überdies zwingt diese in den Dienst des Einzelnen im Gegensatz zur Gesamtheit. Die Mittel, die hierzu benützt werden, sind primitive, faszinierende, beziehungsweise Angst einflößende Vorstellungen, Bilder, für den gewöhnlichen Verstand unverständliche Aussagen, fremdartige Wörter und Gestaltungen, primitive Rhythmen, namentlich Trommeln und ähnliches. Insofern moderne Kunst derartige Mittel als Selbstzweck benützt und damit den Zustand der Unordnung vermehrt, kann sie direkt als Schwarze Magie bezeichnet werden. (Br II, 296 f.)

Noch in seinem letzten Lebensjahr (1960) ließ Jung Sir Herbert Read, den englischen Schriftsteller und Kunsthistoriker, den er von dessen Mitwirkung bei den Eranos Tagungen persönlich kannte, wissen, wie er über Kunst und Literatur dachte. So hielt er sich als ärztlicher Psychologe verpflichtet, sich allem Menschlichen zuzuwenden. Wert legte er in diesem Zusammenhang auf die Feststellung, dass er Vertreter moderner Kunst und Literatur zwar nicht einer pathologischen Diagnose unterwerfen wolle, dass er jedoch von Fall zu Fall eine gewisse Parallelität zwischen ihnen und schizophrenen Erscheinungen nicht leugnen könne.

> *Ich schließe „moderne Kunst" ein, und zwar leidenschaftlich, obwohl ich Ihr nachsichtiges Lächeln vor mir sehe. Es tat mir sehr leid, dass ich keine Gelegenheit zu einem Gespräch über Ihr Buch*[75] *bot, das alle meine Gedanken über Kunst aufs neue wachrief. Ich habe sie nie ausführlich gebracht, denn ich begegnete einem allgemeinen Unverständnis; das wurde mir in zunehmendem Maße bewusst und hemmte mich. Das Problem ist subtil und seine Lösung verlangt eine Subtilität des Geistes sowie eine echte Erfahrung der seelischen Wirklichkeit [...].*
>
> *Über zwei große Neuerer habe ich lange nachgedacht: Joyce und Picasso, beides Meister in der Fragmentierung ästhetischer Inhalte und der Anhäufung genialer Trümmer [...]. Ich kenne sein (Joyces) Leiden, das an der eigenen Intensität zugrunde ging. Hatte ich diese Tragödie nicht wieder und wieder bei meinen schizophrenen Patienten beobachtet? In Ulysses stürzt eine Welt zusammen, ein fast endloser, atemloser Strom von Trümmern, eine „katholische" Welt, das heißt ein Universum voll ungehörter Seufzer und Schreie und nicht geweinter Tränen, weil sich das Leiden selbst erstickte; und ein ungeheurer Scherbenhaufen begann*

seine ästhetischen „Werte“ zu offenbaren. Aber kein Mund öffnet sich, um zu erzählen, was seiner Seele geschah.

Ich sah den gleichen Prozess sich bei Picasso abspielen, in einer völlig anderen Persönlichkeit. Hier war es Kraft, die zur Auflösung des Werkes führte. Er sah und verstand, was die heraufbrandende Tiefe bedeutete. Beinahe bewusst stellte er sich der Herausforderung des allmächtigen Zeitgeistes. Er übersetzte sein „Können“ („Kunst“ kommt von „können“) in die Kunst genialer Fragmentierung: „Es wird diesen Weg gehen, wenn es nicht den anderen geht.“ Ich erwies Picasso die Ehre, meine Auffassung über ihn zu formulieren, wie ich es auch bei Joyce tat. Ich hätte leicht Schlimmeres tun und seine Unechtheit hervorheben können. Er schmeichelte geradezu der Morbidität seiner Zeit, was er selbst zugab. Ich stelle keineswegs die Diagnose einer Schizophrenie, sondern habe nur die Analogie zum schizophrenen Prozess hervor, so wie ich ihn verstehe. Ich finde kein Anzeichen echter Schizophrenie in seinem Werk, nur die Analogie. Die Analogie ist jedoch ohne diagnostischen Wert, denn es gibt eine große Zahl ähnlicher Fälle, ohne dass der Beweis einer Schizophrenie vorläge.

Picasso ist ruchlose Kraft, die den unbewussten Impuls aufgreift und ihn laut herausschreit, sogar aus finanziellen Erwägungen. Durch jene Fragmentierung zeigt sich leider, wie wenig er den ursprünglichen Impuls versteht, denn dieser meint keine Trümmer von noch so reizvollem oder verführerischem Anblick, sondern eine neue Welt, nachdem die alte zusammenbrach. (Br III, 336)

Jungs Befürchtungen gehen infolge dessen dahin, dass keine Leitbilder mehr vorhanden seien und dass unsere Werte zu schwanken beginnen. Der Künstler – so urteilt er einigermaßen ungeschützt und pauschal – habe noch nicht gelernt, der eigenen Psyche objektiv gegenüberzustehen, „das heißt (zu unterscheiden) zwischen dem, was er tut, und dem, was ihm geschieht“ [...]

> *Es ist der große Traum, der von jeher durch den Mund des Künstlers sprach. All seine Liebe und Leidenschaft (seine „Werte“) strömen dem kommenden Gast entgegen, seine Ankunft zu verkünden. Die negativen Aspekte moderner Kunst zeigen die Intensität unserer Voreingenommenheit gegenüber der Zukunft; eigensinnig möchten wir sie nach unseren Vorstellungen gestalten [...]. Was ist der große Traum? [...]. Er ist die Zukunft und das Bild der neuen Welt, die wir noch nicht verstehen. Wir können es nicht besser wissen als das Unbewusste und seine Andeutungen. Dort liegt eine Chance, das zu finden, was wir in unserer bewussten Welt vergeblich suchen. Wo sonst könnte es sein? (Br III, 337)*

Erich Neumann und das Problem des Bösen

Neben Father White ist es der in Tel Aviv lebende, drei Jahrzehnte jüngere, man darf sagen: kongeniale Kollege Erich Neumann (1905 – 1960), der Jung als Kollege besonders nahe gestanden ist. Auch wenn die an ihn gerichteten Briefe manchmal von geringerem Umfang sind, so sind sie doch nicht weniger von der Anerkennung und Hochachtung gezeichnet, die der Lehrer seinem Schüler und ihm freundschaftlich verbundenen Kollegen gegenüber bekunden kann, handle es sich – neben den großen Werken – um Neumanns Eranos-Vorlesung über den „mystischen Menschen" oder um sein kleines, aber durchaus provokantes Buch „Tiefenpsychologie und neue Ethik" (1949), das selbst innerhalb der Jung-Schule die Diskussion beflügelt hat. Der aus jüdischer Tradition stammende Psychotherapeut Erich Neumann[76] ging von der These aus, dass „die alte Ethik des jüdisch-christlichen Zeitalters" sich als unfähig erwiesen habe, die zerstörerischen Kräfte im Menschen zu bändigen. Die Einsicht und praktische Umsetzung der neuen Ethik – sofern von einer solchen zu sprechen ist – „fußt auf einer Bewusstmachung der positiven und der negativen Kräfte der menschlichen Struktur und auf ihrer bewussten Einbeziehung in das Leben des Einzelnen und der Gemeinschaft [...]. Erst indem ich mich auch als dunkel – nicht als Sünder – erfahre, gelingt es mir, das dunkle Ich des anderen anzunehmen [...]."[77]

> *Ich kann Ihnen nur meine Bewunderung für die Art und Weise ausdrücken, wie Sie Ihre schwierige Aufgabe gemeistert haben. Es ist eine ganz ausgezeichnete, ebenso klare wie gründliche Darstellung des Problems der Mystik überhaupt*

geworden. Diese ist wohl nie in solcher Umfänglichkeit und Tiefe erfasst worden wie in Ihrer Arbeit. (Br II, 127)

Die Schrift über die Ethik ist hier herausgekommen und wirbelt bereits Staub auf, und zwar derart, dass wohl der Fall eintreten könnte, wo ich mich dazu äußern müsste [...]. Ich habe Ihre Schrift nochmals gelesen und hatte wiederum einen sehr starken Eindruck und damit die Gewissheit, dass ihr Effekt gleich dem einer Bombe sein werde. Ihre Formulierungen sind brillant und oft von schneidender Schärfe; sie sind daher herausfordernd und aggressiv, ein Stoßtrupp auf freiem Felde, wo vordem nichts – leider – zu sehen war [...]. Ihre Schriften werden eine petra scandali (Stein des Anstoßes), aber auch der mächtigste Anstoß zukünftiger Entwicklungen sein. (Br II, 139 f.)

Aus Jungs Rühmung ist jedoch nicht der Schluss zu ziehen, dass er Neumann in jeder Hinsicht beipflichten könne. Das zeigt ein ausführlicher Brief mit Jürg Fierz, Redakteur der „Weltwoche", dem er alsbald nach Bekanntwerden des Buches erläuterte, inwiefern – auch mit welchen Vorbehalten – er Neumanns „Psychologie und neue Ethik" für wichtig halte.

Ich habe nirgends gesagt, dass ich mich „kompromisslos" hinter Neumann stelle [...]. Wenn ich sein Büchlein empfehle, so geschieht es hauptsächlich darum, weil es zeigt, zu welchen Schlüssen man gelangen kann, wenn man die ethischen Probleme rücksichtslos zu Ende denkt. Man muss berücksichtigen, dass Neumann ein Jude ist und infolgedessen das Christentum nur von außen kennt; und zudem muss man wissen, dass es den Juden auf die drastische Weise demonstriert worden ist, dass das Böse „stets projiziert wird."

[...] Wenn Neumann anstelle des christlichen Gewissens die innere Stimme als Kriterium des Ethischen empfiehlt, so steht er damit durchaus in Übereinstimmung mit der östlichen Ansicht, dass jedem ein Richter im Herzen wohnt, der alle bösen Gedanken weiß. Er steht auch mit sehr vielen christlichen Mystikern in dieser Hinsicht auf gutem Fuße [...]. Für die innere Stimme gibt es tatsächlich keine äußere Rechtfertigung – einfach darum nicht, weil niemand weiß, was gut und was böse ist. Es wäre ja furchtbar einfach, wenn man nach dem Dekalog gehen könnte oder nach dem Strafgesetzbuch oder nach irgendwelchem Sittenkodex [...].

Sie haben ganz recht, dass Neumanns Individualethik in noch viel schlimmerer Weise den Menschen überfordert, als die christliche Ethik es tut. Der einzige Fehler, den Neumann hier begeht, ist ein taktischer: nämlich er sagt es laut, unvorsichtigerweise, was doch schon immer wahr war. (Br II, 144 f.)

Wenn ich über Ethik schreiben sollte, so würde ich mich natürlich ganz und gar nicht ausdrücken wie Neumann. Ich bin aber auch nicht der Neumann, der durch ein abscheuliches Schicksal in eine kämpferische Gegenposition hineingedrängt worden ist [...]. Man redet immer von christlicher Moral, und ich möchte einmal denjenigen sehen, der sie wirklich befolgt! Nicht einmal dem Neumann gegenüber bringt man das leiseste Verständnis auf, von Nächstenliebe ganz zu schweigen. Ich wünsche nur, dass die Christen von heutzutage einmal einsehen, dass das, was sie vertreten, überhaupt gar kein Christentum ist, sondern eine himmeltraurige Gesetzesreligion, von der der Stifter selbst sie zu befreien versucht hat, indem er seiner Stimme und Bestimmung folgte bis zum bittern Ende. Hätte er das nicht getan, so hätte es auch nie ein Christentum gegeben. (Br II, 147)

Wie aus der Bedeutsamkeit des Themas und aus dem weiteren Gedankenaustausch ersichtlich, erstreckte sich das diesbezügliche Gespräch über eine Reihe von Jahren hin. Es nahm interdisziplinäre Züge an, beispielsweise im Rahmen der Stuttgarter „Gemeinschaft Arzt und Seelsorger“[78], die im Herbst 1958 unter Leitung ihres Mitbegründers Prof. Wilhelm Bitter (1893 – 1974) in einer Zürcher Wochenendtagung behandelte. [79] C. G. Jung war anwesend und steuerte einen ausführlichen Gesprächsbeitrag bei. Während Wilhelm Bitter jeweils auf eine prinzipiell synoptische, das heißt auf interdisziplinäre Zusammenschau Wert legte und sowohl philosophische wie theologische Sichtweisen einbezog, gestand Jung in der ihm eigenen Freimütigkeit, welche Schwierigkeiten ihm dabei erwachsen, weil er auch hier den Standpunkt des empirisch arbeitenden Psychologen vertrat.

Ich muss gestehen, dass ich immer wieder vor Schwierigkeiten stehe, wenn ich mit Philosophen oder Theologen über den rein empirischen Aspekt von Gut und Böse, so wie der Therapeut konkret mit ihm zu tun hat, spreche. Mir kommt es vor, als ob diese nicht vom Gegenstand, von der Sache reden, sondern nur von Worten, von Begriffen, die die Sache selbst meinen oder andeuten. Wir lassen uns so leicht verblenden durch die Wörter, die ganze Wirklichkeit ersetzen wir durch Wörter. Man redet zu mir über das Böse oder über das Gute und setzt voraus, ich wüsste, was das sei. Ich aber weiß es nicht![80]

Während es Jung in seinem Statement, im Gegensatz zu anderen Referenten der Tagung, vermieden hat, auf Neumanns Position näher einzugehen, tat er das im vorausgegangenen Brief vom 3. Juni 1957 um so ausführlicher:

> *Wir sind in Bezug auf die sogenannte Neue Ethik im Grunde genommen ganz einverstanden, aber ich ziehe es vor, dieses heikle Problem in einer etwas anderen Sprache auszudrücken. Es handelt sich ja nicht wirklich um eine „neue" Ethik. Das Böse ist und bleibt immer das, von dem man weiß, dass man es nicht tun sollte. Der Mensch überschätzt sich aber leider in dieser Hinsicht: Er meint, es stehe ihm frei, das Böse oder das Gute zu beabsichtigen. Er kann sich zwar solches einbilden, aber in Wirklichkeit ist er in Ansehung der Größe dieser Gegensätze eben doch zu klein und zu ohnmächtig, als dass er das eine oder das andere freiwillig und unter allen Umständen wählen könnte. Es ist vielmehr so, dass er das Gute, das er möchte, aus übermächtigen Gründen tut oder nicht tut und dass ihm ebenso das Böse wie ein Unglücksfall zustößt.*
>
> *Ethik ist das, was es ihm unmöglich macht, Böses absichtlich zu tun, und ihn dazu anhält – und zwar öfters mit geringem Erfolg – das Gute zu tun. Das heißt, er kann das Gute tun und kann das Böse nicht vermeiden, obschon ihn seine Ethik veranlasst, die Kräfte seines Willens in dieser Hinsicht zu erproben [...]. Diese subtilen Überlegungen [...] sind nämlich darum so subtil, weil sie ganz besondere Umstände zur Voraussetzung haben. Sie erreichen nämlich ihre Gültigkeit nur beim Menschen, der seines Schattens wirklich bewusst ist, bedeuten aber bei einem, der seinen Schatten entweder als beiläufige Inkonvenienz (Unbequemlichkeit) behandelt oder aus Mangel an Gewissenhaftigkeit und moralischer Verantwortung als unerheblich abtut, eine gefährliche*

Möglichkeit zu Verirrungen des moralischen Urteils, wie sie eben für den Menschen charakteristisch sind, welcher infolge seines moralischen Defektes eine entsprechende intellektuelle Inflation besitzt. Man kann sich zwar manchen Konflikt dadurch erleichtern, dass man das moralische Auge zudrückt oder fünf einmal gerade sein lässt, muss aber dabei wissen, dass auch das bezahlt sein muss, denn „alle Schuld rächt sich auf Erden". (Br III, 96 ff.)

Wenige Monate vor diesen Ausführungen hatte Jung im Zusammenhang seines kaum weniger umstrittenen Hiob-Buches und der immer wieder zu bewegenden Theodizee-Frage einer amerikanischen Jungianerin zu denken gegeben:

Die Erkenntnis des Guten ist nicht a priori gegeben; sie setzt ein unterscheidendes Bewusstsein voraus. Das Problem wird schon in der Genesis berührt, als Adam und Eva zuerst Erkenntnis erlangen mussten, um das Gute zu sehen und es vom Bösen zu unterscheiden. Ein unbegrenzt „Gutes" gibt es nicht, denn etwas durchaus Gutes kann in einem andern Fall durchaus böse sein. (Br III, 41)

Das Mariendogma der Assumptio

Die Verkündigung des Dogmas von der leibhaften Aufnahme (Assumptio) Mariens in den Himmel durch die römisch-katholische Kirche unter Pius XII, verkündet durch die Deklaration „Munificentissimus Deus“ am 1. November 1950, stellte nach dem Urteil von C. G. Jung ein bedeutsames religiöses und zugleich psychologisch einzuschätzendes Ereignis dar. [81] So lag es nahe, dass auf dieses Thema im Briefwechsel wiederholt Bezug genommen wurde. Darüber ist Jungs generelle Einschätzung eines Dogmas nicht zu vernachlässigen denn:

> *Es ist schon keine kleine Sache, zugeben zu müssen, dass schließlich alle dogmatischen Auffassungen menschliche Aussagen sind, denen allerdings, wie ich ja immer betone, ganz bestimmte Erlebnisse der menschlichen Seele zugrunde liegen. (Br II, 26)*

Im Briefwechsel mit Pater Victor White gestand Jung am 25. November 1950, wie stark er die Reaktionen erlebt hat und wie hoch er selbst den Gehalt des neuen Dogmas einschätze:

> *Es ist ein faszinierendes Thema, über das in Zürich eingehend diskutiert wird. Das Dogma hat eine Serie von Träumen in mir ausgelöst, die sich mit der weiteren Entwicklung befassen, das heißt mit den Konsequenzen der neuen Situation. Ganz gegen meine Erwartung hat die Deklaration etwas im Unbewussten, das heißt in der archetypischen Welt, angerührt. Anscheinend ist es das Hierosgamos-Motiv: [...]*

Wenn das Wunder der Himmelfahrt nicht ein lebendiges und gegenwärtiges Ereignis ist, sondern ein körperliches Phänomen, das überliefert wurde oder das sich dem Glauben nach vor etwa 2000 Jahren zugetragen haben soll, dann hat es mit Geist nichts zu tun oder so wenig wie irgendeine moderne parapsychologische Geschichte. Ein körperliches Ereignis kann die Existenz und die Wirklichkeit des Geistes nie beweisen; es wäre nur der Versuch einer Konkretisierung des Geistes in der Sichtbarkeit der Materie. Durch die Tatsache, dass vor 2000 Jahren ein Körper verschwand, sind Leben und Wirklichkeit des Geistes keineswegs bewiesen, ebenso wenig durch andere Wunder.

Daran knüpft Jung weitere Erwägungen, die seiner psychologischen Betrachtungsweise und Einschätzung derartiger Erscheinungen entsprechen.

Warum insistiert man auf der historischen Wirklichkeit der jungfräulichen Geburt als auf etwas Besonderem und spricht diese Wirklichkeit allen anderen mythischen Überlieferungen ab? Diese Insistenz ist darum so erstaunlich, als sie der Bedeutung der Idee nichts beifügt; im Gegenteil: Sie lenkt das Interesse von dem höchst bedeutsamen geistigen Aspekt ab und wendet es einem sehr fragwürdigen und vollständig irrelevanten physischen Phänomen zu. Ich kann diese merkwürdige tour de force nur als einen Versuch ansehen, die Existenz des Geistes ungebildeten und primitiven Menschen zu beweisen, die unfähig sind, die psychische Realität einer Idee zu erfassen, und darum des Wunders als Beweis einer geistigen Realität bedürfen. Es ist sehr wahrscheinlich, dass die lebendige Vorstellung der Assumptio nicht schon in apostolischer Zeit entstand, sondern wesentlich später. Das Wunder der Assumptio hat nachweisbar vom 6. Jahrhundert an zu wirken begonnen. Sie bedeutet nicht mehr und nicht weniger als eine geistige Tatsache, die als Integration des weiblichen Prinzips in das christliche Gottesbild umschrieben werden kann. (Die declaratio solemnis des neuen Dogmas) ist sicher das bedeutendste religiöse Ereignis seit 400 Jahren. [82] *(Br II, 202 f.)*

Victor White scheint buchstabengetreu auf den Faktor der erklärten Leibhaftigkeit der Himmelfahrt Marias gepocht zu haben, während Jung die überzeitliche Archetypik des Deklarierten ungleich wesentlicher erschien als ein etwaiges parapsychisches und damit zeitlich bedingtes Phänomen.

Der einzig wichtige Faktor liegt im lebendigen Archetypus, der seinen Weg ins Bewusstsein bahnt. Solange Sie (V. White) auf der Historizität insistieren, riskieren Sie nicht nur verständnislose und unbeantwortbare Fragen, sondern Sie wenden den Blick aller von der wesentlichen Idee ab und lenken ihn auf die grobe Realität eines nur körperlichen Phänomens. Dann ist es nichts als ein physisches Ereignis, das sich an einem bestimmten Ort und zu einer bestimmten Zeit abgespielt hat, während der Geist ewig und überall ist. Sogar der feinstoffliche Leib ist nur relativ in Zeit und Raum. Wenn wir die Assumptio als ein Ereignis in Zeit und Raum hinstellen, sollten wir hinzufügen, dass sie als eigentliche Wirklichkeit ewig und überall stattfindet; das, was wir mit unseren Sinnen wahrnehmen, ist vergängliche Materie, das heißt, wir sehen nicht das, was wirklich ist; wirklich ist eine Idee, auf die wir schließen oder an die wir glauben. Die conclusio benötigte nicht weniger als 1900 Jahre bis zu ihrem Finale. Unter solchen Umständen erscheint es mir unsinnig, auf der konkreten Historizität zu bestehen. Würden Sie jedoch so formulieren: ich glaube, dass Maria, angetan mit ihrem corpus glorificationis (d. h. ausgezeichnet durch eine fast „körperliche" Bestimmtheit), ihren Platz nahe der Gottheit einnahm, könnte ich mit Ihnen übereinstimmen [...]. Es scheint eine gewisse traditionelle Übereinstimmung darüber zu bestehen, dass ein Leben religiöser Ganzheit (das heißt bei bewusster Integration des wesentlichen Archetypus) die Hoffnung auf eine individuelle Existenz in der Ewigkeit rechtfertigt. Die Anwendung dieser Überlegung auf Maria scheint ganz im Bereich christlicher Philosophie zu liegen. (Br II, 203 f.)

Zu den Wirkungen des Vorgangs zählte Jung auch jene, die im und für den Protestantismus festzustellen seien. Es versteht sich, dass seine Aussagen jeweils vor dem zeitgeschichtlichen Horizont und unter Berücksichtigung des betreffenden Adressaten zu betrachten sind. Hier wendet er sich an den evangelischen Theologen Adolf Keller, der zu seinem frühen Freundeskreis gehört hat und deshalb die einigermaßen freimütige innerprotestantische Selbstkritik Jungs erklärt:

Jetzt, nachdem die katholische Kirche den folgenschweren Schritt der Assumptio getan hat, ist er (der Protestantismus) erst recht auf der patriarchalen Linie des Alten Testamentes festgenagelt und in puncto der dogmatischen Entwicklung im Hintertreffen. Der Katholik glaubt wenigstens an fortschreitende Offenbarung, der Protestant aber sieht sich auf ein – ach so widerspruchsvolles – Dokument wie die Bibel verpflichtet und kann infolgedessen nicht auf-, sondern bloß noch abbauen: vide die famose „Entmythologisierung" des Christentum![83]

Wie wenn die Aussagen über die Heilsgeschichte kein Mythologem wären! Gott spricht immer mythologisch. Wenn dem nicht so wäre, so würde er Ratio und Wissenschaft offenbaren. – Ich bekämpfe die Rückständigkeit des Protestantismus. Ich will nicht, dass er die Führung verliert. Ich will nicht in den Unbewusstheitsnebel des katholischen Konkretismus der Historizität und die Gegenstandslosigkeit der protestantischen Verkündigung, die man heutzutage nur noch als ein historisches Überbleibsel begreifen kann. (Br II, 214)

Wenn Jung in diesem Zusammenhang von der angeblichen Rückständigkeit des Protestantismus spricht, dann sollte man daneben auch Jungs Votum stellen, das sich in seinen Terry-Lectures aus demselben Jahre findet. Es spricht davon, wie der protestantische Mensch „Gott allein heimgegeben" und in den Status einer Unmittelbarkeit gestellt sei, wie sie einem durch kirchliche Institution und katholische Weiheautorität geleiteten Gläubigen fremd sein dürfte. Dies entspricht jedoch nicht etwa nur einem Mangel, sondern einer außerordentlichen Chance dann, wenn der Protestant ganz auf sich gestellt ist, denn:

Der Protestantismus war und ist noch ein großes Risiko, und zu gleicher Zeit eine große Möglichkeit. Wenn er fortfährt, sich als Kirche zu desintegrieren, so hat das den Erfolg, den Menschen all seiner geistigen Sicherungen und Verteidigungsmittel zu entblößen, welche ihn gegen unmittelbare Erfahrung jener Kräfte sichern, die im Unbewussten auf Befreiung warten. (GW XI, 51

Jungs Position liegt auf der Linie von Luthers reformatorischem Prinzip von der „Freiheit eines Christenmenschen" (1520).

Wenn ein Protestant den vollständigen Verlust seiner Kirche überlebt und doch noch Protestant bleibt, das heißt ein Mensch, der Gott gegenüber schutzlos ist und nicht mehr geschirmt durch Mauern oder durch Gemeinschaften, so hat er die einzigartige geistige Möglichkeit der unmittelbaren religiösen Erfahrung. (GW XI, 53)

Wie aus dem Briefwechsel mit dem amerikanischen Schriftsteller Upton Sinclair (1955) und anderen ersichtlich, spielte das Thema der Assumptio selbst im Gedankenaustausch mit ihm, dem bekannten Roman-Autor, eine Rolle. So versäumte er nicht, ihm mitzuteilen, dass er sich einer „relativ anständigen Presse auf katholischer Seite erfreue".

Sie haben ganz recht; mit dem Dogma der Assumptio „strömt das Unbewusste in die Kirche", denn die Frau ist seine – des Unbewussten – Vertreterin auf Erden. (Br II, 465)

Einem protestantischen Theologen in den USA gegenüber ging Jung auf dogmengeschichtliche Zusammenhänge ein, wie sie seit der Antike bekannt und speziell auf dem Konzil von Ephesus (431) als seither gültige Kirchenlehre beschlossen worden sind. Doch als Psychologe war für ihn jeweils die Frage nach der Erfahrung von ausschlaggebender Bedeutung, die einer lehrmäßigen Formulierung einer Glaubensaussage gegebenenfalls zugrunde liegen muss. Doch da stellt sich die Frage, wie groß die Distanz zwischen einem Dogma und seiner – etwa mystischen – Erfahrbarkeit im Laufe der Jahrhunderte geworden ist. Daher die ernüchternde Feststellung des Psychologen.

Unsere christliche Theologie beruht offensichtlich nicht auf der totalen religiösen Erfahrung. Sie berücksichtigt nicht einmal die Erfahrung einer Ambivalenz des alttestamentlichen Gottes. Da sie auf dem Glauben beruht, geht sie kaum auf die unmittelbare archetypische Erfahrung zurück. Die Theologen hätten nicht die mindeste Schwierigkeit, meinem Argument zu folgen, wenn sie diese Erfahrung kennten [...].

Das Trinitätsdogma lässt in der Tat einen deutlichen Einfluss des Archetypus auf die theologische Formulierung erkennen. Ein anderes, höchst eindrucksvolles Beispiel ist Artemis, die ephesische Magna Mater, die am Konzil von Ephesus als theotókos (Gottesgebärerin) aufersteht und als regina coeli (Himmelskönigin), als domina omnium rerum creatarum (Herrin aller Geschöpfe) und schließlich in der Assumptio Beatae Virginis als echte Dea Natura (Göttin Natur) glorifiziert wird. – Andererseits ist gerade das Trinitätsdogma, wie es jetzt vorliegt, das klassische Beispiel eines künstlichen Gebildes und einer intellektuellen Schöpfung, und zwar in so hohem Maße, dass noch kein Theologe seinen Ursprung in der ägyptischen Theologie erkannt oder zugegeben hat. (Br III, 163)

Rückblick und Lebensbilanz

Die verflossene Dekade war schicksalsreich für mich. Sie hat mir allerhand Schweres beschert, den Tod lieber Freunde und den noch schmerzlicheren Verlust meiner Frau, das Ende meiner wissenschaftlichen Tätigkeit und die Beschwerden des hohen Alters, aber auch allerhand Ehrungen und vor allem Ihre Freundschaft, die ich um so höher schätze, als Männer mich auf die Dauer nicht auszustehen scheinen. Da ich mir nicht die Gottähnlichkeit zutraue, sie anders zu machen als sie sind, so muss ich besagte Tatsache wohl ganz aufs eigene Konto nehmen und meinen Schatten dementsprechend verlängern. Ihr Verständnis und Ihr Interesse haben mein durch langjährigen Kampf mit schwierigen Zeitgenossen erschüttertes Selbstvertrauen in großem Ausmaß wieder hergestellt. (Br III, 279)

Mit diesen wenigen Sätzen fasst Jung die Bilanz eines Jahrzehnts – es ist sein allerletztes! – zusammen. Gerichtet ist diese Summe an den Zürcher Wirtschaftswissenschaftler Professor Eugen Böhler (1893 – 1977). Beide Männer, ehemals Kollegen im Lehrkörper der Eidgenössischen Technischen Hochschule Zürich, verband eine mehrjährige Alters-Freundschaft, die zusätzlich zu den wiederholten privaten Begegnungen in einem Briefwechsel Niederschlag gefunden hat. [84]

Dass Böhler seinem Freund das „erschütterte Selbstvertrauen in großem Ausmaß wieder hergestellt“ haben soll, macht deutlich, wie hoch C. G. Jung den Kollegen von der anderen und nicht gerade benachbarten Zunft auch persönlich eingeschätzt hat[85]. Deshalb finden sich Geständnisse dieser Art, wie sie vielleicht zu

Lebzeiten von und mit Victor White, dessen Erdentage zu diesem Zeitpunkt ebenfalls gezählt waren, möglich gewesen wären. Der knapp Fünfundachtzigjährige hatte im Januar 1960 zusammen mit den seit Jahren bestehenden Herzproblemen einen Infarkt zu verkraften. Das bedeutete für Jung schon aufgrund des hohen Alters eine strenge Schonung und wochenlanges Verbot geistiger Aktivität. Darauf spielen die folgenden Zeilen an.

> *Das hat mich allerdings nicht gehindert an der schon längst geplanten (erneuerten) Lektüre buddhistischer Texte, deren Inhalte ich in mir gären lasse. Ich bin durch meine Isolierung so etwas aus der Welt hinausgeraten in die Jahrhunderte und habe, statt mit den Menschen von heute, mit längst vergangenen Stimmen Zwiesprache gepflogen. Bei meiner Rückkehr ins 20. Jahrhundert habe ich entdeckt, dass ich nichts von Ihnen (Eugen Böhler) vernommen habe. Daher wollte ich mich bemerkbar machen, da ja ich es war, der aus der Gegenwart herausgeholt und in die Nachbarschaft des Bardo[86] versetzt wurde, was immer geschieht, wenn ich ein so deutliches memento mori vernehme. (Br III, 286 f.)*

Nun kann es nicht wundernehmen, dass für Jung das Gewahrwerden der Todesnähe und generell die Erfahrungswelt am Rand der menschlichen Existenz von je her bedeutsam war. Um so mehr erklärt sich, wie tief greifend der Hingang seiner Frau Emma am 27. November 1955 sich bei ihm ausgewirkt hat. So schrieb er bald danach, im Dezember 1955, an den ebenfalls noch vor ihm verstorbenen Kollegen Erich Neumann nach Tel Aviv die im Blick auf Jungs Vorstellungen vom nachtodlichen Sein bezogenen bemerkenswerten Worte. Sie rühren an das Geheimnis der schicksalhaften Verwobenheit zweier Menschen, einer Verwobenheit, wie sie in einer Reihe von Briefen mit anderen Geistesverwandten oftmals deutlich geworden ist:

> *Die Erschütterung, die ich erlebte, ist so groß, dass ich mich weder konzentrieren noch meine Ausdrucksfähigkeit wiederfinden kann. Ich hätte Ihrem freundschaftlich geöffneten Herzen gerne erzählt, dass ich zwei Tage vor dem Tode meiner Frau eine – man kann schon sagen – große Erleuchtung hatte, die mir blitzartig ein in die Jahrhunderte hinabreichendes Geheimnis, das in meiner Frau verkörpert war und mein Leben in unergründlichen Tiefen und in höchstem Maße beeinflusst hatte, erhellte. Ich kann nicht anders denken, als dass die Erleuchtung von meiner Frau, die damals meist bewusstlos war, ausgegangen ist und dass die ungeheure Erhellung und Erlösung meiner Einsicht wiederum auf sie zurückgewirkt hat und mit ein Grund war, dass sie so schmerzlos und königlich sterben konnte. – Das rasche und schmerzlose Ende, nur fünf Tage zwischen der endgültigen Diagnose und dem Tode, und dieses Erlebnis haben mir einen großen Trost bedeutet. Aber die Stille und das hörbare Schweigen um mich, die Leere der Luft und eine unendliche Ferne sind schwer zu ertragen. (Br II, 525)*

Nun stellen Verlust und Tod eines besonders geliebten Menschen bei einem ebenso sensiblen wie schöpferisch tätigen Lebenspartner nicht selten auch einen Impuls zu neuer Aktivität dar. So schreibt Jung seiner Tochter Marianne Niehus-Jung schon am 17. Juli 1956 zwar, was für „eine nicht auszufüllende Lücke" der Verlust von Emma Jung verursacht habe. Er fügt dann aber sogleich hinzu:

Es ist dann gut, dass man etwas hat, das man ausführen möchte und zu dem man sich wenden kann, wenn sich die Leere zu bedrohlich ausbreitet. Der Stein, den ich gegenwärtig bearbeite[87] *[...], gibt mir durch seine Härte und Dauerhaftigkeit innere Stetigkeit, und sein Sinn lenkt mein Denken. (Br III, 44)*

Wer allein auf die jungschen Publikationen blickt, die während seines letzten Lebensjahrzehnts zur Reife gebracht wurden und im Druck erscheinen konnten[88] – Hunderte von aufschlussreichen Briefen sind hinzuzuzählen! – dann steht die beeindruckende Fruchtbarkeit seines literarischen Schaffens außer Frage. In diese Zeit fällt auch die gemeinsam mit Aniela Jaffé erarbeitete Autobiografie, die erst posthum an die Öffentlichkeit gelangte. Und nicht nur hinsichtlich seiner äußerlich sichtbaren Produktivität konnte dem Diplomaten Miguel Serrano im September 1960 schreiben: „Ich habe meinen Höhepunkt erreicht" [...]. (Br III, 345)

Bedingt durch eine Reihe von Erkrankungen hatte C. G. Jung immer wieder Grund genug, inne zu halten und schließlich auch Bilanz zu ziehen:

Von mir darf ich ohne Überheblichkeit in meinem hohen Alter von fast 82 Jahren sagen, dass ich während meines ganzen Lebens dermaßen viele Menschen gesehen und ihnen auch geholfen habe, dass mir meine jetzige Zurückgezogenheit wohlverdient scheint und mir wohl gegönnt werden mag. (Br III, 99)

Was den umfangreichen Ertrag seines Schaffens anlangt, so wollte die Kette der an ihn gestellten Fragen ebenso wenig abnehmen wie die Einladungen zu weiteren Beiträgen, sei es zur Behandlung eigenständiger Themen als auch zu Buchbeiträgen in Veröffentlichungen anderer Autoren. Die Fragesteller der fünfziger und anfangs sechziger Jahre waren sich jedoch nicht immer bewusst, dass wie einen im Greisenalter befindlichen Mann vor sich hatten, dessen Lebensumstände das weitere Schaffen begrenzten.

Einem Amerikaner hatte er 1956 klarzumachen, wie unangebracht er dessen Ersuchen fand, das ihn noch einmal an die spannungsvolle Zusammenarbeit mit Sigmund Freud erinnerte:

> *Wäre ich jünger, so nähme ich mit größtem Vergnügen Ihren freundlichen Vorschlag an und schriebe einen ausführlichen Aufsatz über das verwirrende Durcheinander von Meinungen, das Freud mit seiner großen Entdeckung [...] und dessen Folgen für die Psychologie des Normalen hervorgerufen hat. Aber leider habe ich inzwischen das Alter von 81 Jahren erreicht mit seinem natürlichen Leistungsrückgang, seiner Müdigkeit und seinen notwendigen Beschränkungen. Überdies hat der Reiz der Neuzeit, eine so große Verlockung für den Schriftsteller, seinen Zauber verloren, zumal ich in schon fast vergessenen Jahren Ähnliches unternommen hatte, damals als sogar Freud noch eine fremde, unbekannte oder missverstandene Persönlichkeit war. Erst im letzten Jahrzehnt hat eigentlich seine Psychologie die Beachtung der Akademiker gefunden und das geistige Dunkel des großen Publikums erhellt. Es konnte einfach nicht damit gerechnet werden, dass meine Kritik an Freud oder mein abweichender Standpunkt oder nur mein Versuch, die psychologische Forschung weiterzuentwickeln, verstanden oder überhaupt zur Kenntnis genommen würde. (Br III, 32 f.)*

Damit berührte Jung ein Kapitel, das ihn selbst noch in seinen späten Lebensjahren zu schaffen machte. Daraus ergibt sich die Einsicht: Wenn schon Freud als der Pionier der modernen tiefenpsychologischen Forschung Mühe hatte, überhaupt zur Kenntnis und von der Fachwelt ernst genommen zu werden, wie kann es dann verwundern, wenn dessen von ihm ausgerufener „Kronprinz“ und Kontrahent erwarten, dass seine speziellen Intentionen in angemessener Weise rezipiert und eingeordnet werden! Mit einer nicht geringen Brise an Unmut und Sarkasmus hält Jung fest, was ihm auf der Seele liegt, was ihm Kummer, aber auch Ärger und Missmut bereitet.

> *In den 18 oder mehr Bänden meiner Gesammelten Werke habe ich alles gesagt, was ich darüber denke. Was ich heute darüber sagen könnte, wäre nicht neu und keineswegs besser als das Zeug, das ich vor 30 oder 40 Jahren zusammenschrieb. Meine Zeitgenossen lesen und verstehen es auch heute noch nicht. In voller Unkenntnis meines Werkes begnügt man sich mit falschen Auffassungen, Verdrehungen und Vorurteilen. Ich kann die Menschen nicht zwingen, mein Werk ernst zu nehmen, und ich kann sie nicht überreden, es sorgfältig zu lesen. Bedauerlicherweise stelle ich keine Theorien auf, die man auswendig lernen kann [...]. So leidet mein Hauptbeitrag zur Weiterentwicklung der von Freud eingeführten Psychologie des Unbewussten vor allem unter dem ungünstigen Umstand, dass die an Psychotherapie interessierten Ärzte praktisch nichts von der menschlichen Seele und ihren Ausdrucksformen in Geschichte, Archäologie, Philologie, Philosophie, Theologie etc. wissen, obwohl hier zahlreiche Aspekte menschlicher Psychologie zutage treten. Im ärztlichen Sprechzimmer offenbart sich die Psyche, speziell das Unbewusste, nur zum kleinsten Teil. Andererseits besitzen die Spezialisten der genannten Wissenschaften nicht die geringsten Kenntnisse in Psychologie und Psychopathologie, und das allgemeine Publikum ist*

von einer seligen Ahnungslosigkeit über Medizin oder irgendein anderes gut fundiertes Wissensgebiet. (Br III, 33)

Dass sich Jung nicht etwa nur als einen neben anderen von Freuds Schülern und zeitweiligen Gefolgsleuten zu betrachten hatte, unterstreicht er dadurch, dass keiner von dessen unmittelbaren Nachfolgern etwas zu Freuds Hauptforschungsgebiet, der Psychologie des Unbewussten, beigetragen hätte. Von daher betrachtet neigte Jung zu seinen Lebzeiten dazu, die allgemeine Einschätzung seiner Lebensleistung mit einem negativen Vorzeichen zu versehen.

Zufällig bin ich der Einzige seiner (d. h. Freuds) Erben, der das, was er intuitiv voraussah, zum Gegenstand seiner Forschungen machte. Da meine bescheidenen Versuche als nahezu blasphemisch verurteilt werden, habe ich nicht die geringste Chance, etwas unter meinem Namen zu veröffentlichen, das nicht sofort mit dem Kainszeichen gebrandmarkt würde. Br III, 35

So hatte Jung wiederholt Anlass, über den verbreiteten Verständnismangel zu klagen, der seinem Werk entgegengebracht wurde. Dieses Defizit bezog er somit auf den Ertrag seiner Forschungen, das er bei seinen Zeitgenossen, nicht am wenigsten bei Angehörigen seiner eigenen Zunft, konstatieren musste. Gegenüber dem mit ihm befreundeten englischen Kunsthistoriker Sir Herbert Read drückt er dies mit den Worten aus:

Ich muss oft an Meister Eckhart denken, der 600 Jahre lang vergessen blieb[89]*. Immer wieder frage ich mich, warum es bis heute niemanden gibt, der wenigstens sieht, womit ich ringe. Ich glaube, es ist von mir aus nicht nur Eitelkeit* *und das Bedürfnis nach Anerkennung, sondern echte Besorgnis für meine Mitmenschen. Wahrscheinlich (ist es) die ursprüngliche Beziehung des Medizinmannes zu seinem Stamm, die aus seiner Funktion hervorgehende „participation mystique" und das eigentliche Wesen des ärztlichen Ethos. Ich erkenne das Leiden der Menschheit in der leidvollen Situation des Einzelnen und umgekehrt. (Br III, 335)*

In dem Bewusstsein, was sein Lebenswerk betrifft, „einem allgemeinen Unverständnis" gegenüberzustehen und in der Regel ohne die zu erwartende Unterstützung gewesen zu sein[90], schilderte Jung seinem Freund Eugen Böhler (1956) nochmals den Tatbestand, indem er sein Resumé mit der ihm verbliebenen leisen Hoffnung schloss:

Ich bin für Jahrzehnte nicht oder missverstanden worden, obwohl ich mir anfangs alle Mühe gab hinsichtlich „Mitteilung und logischer Überzeugung". In Ansehung der Neuheit meines Gegenstandes sowohl wie meiner Gedanken stieß ich aber sozusagen überall auf eine undurchdringliche Wand. Das ist wahrscheinlich der Grund, warum sich mein Stil im Lauf der Jahre änderte, indem ich nur noch das sagte, was zur Sache gehört, und keine Zeit und Mühe mehr darauf verwandte, mir das vorzustellen, was Unwilligkeit, Vorurteil, Dummheit und anderes mehr alles vorbringen könnten [...]. Ich habe mich damit abgefunden, posthum zu sein. (Br III, 25)

Daneben steht ein Selbstzeugnis des Achtzigjährigen, in dem sich Selbstkritik und Zuversicht in der ihm eigentümlichen Weise mischen:

Mein Schatten ist in der Tat so groß, dass ich ihn in meinem Lebensplan unmöglich übersehen konnte, ja ich musste ihn als unerlässlichen Teil meiner Persönlichkeit ansehen, die Konsequenzen aus dieser Einsicht ziehen und die Verantwortung dafür auf mich nehmen [...]. Mein Trost war immer Paulus, der es nicht unter seiner Würde hielt zuzugeben, dass er einen Pfahl im Fleische trug. – Meine Sünde ist mir zu teuersten Aufgabe geworden. Ich lasse sie keinem anderen, um mir dann als Heiland vorzukommen, welcher immer weiß, was für den anderen gut ist. (Br II, 518

Zeittafel

1875 Am 26. Juli wird Carl Gustav Jung in Kesswil, Kanton Thurgau, als Sohn des evangelisch-reformierten Pfarrers Johann Paul Achilles Jung (1842 – 1896) und dessen Ehefrau Emilie Preiswerk (1848 – 1923) geboren

1876 Die Familie zieht nach Laufen am Rheinfall bei Schaffhausen

1879 Übersiedelung nach Kleinhüningen bei Basel

1884 Geburt der Schwester Gertrud (gest. 1935)

1886 Eintritt ins Gymnasium in Basel

1895-1899 Spiritistische Sitzungen mit der medital begabten Kusine Helene Preiswerk

1895-1900 Studium der Naturwissenchaften, dann der Medizin an der Universität Basel; Abschluss mit Staatsexamen; Entschluss, sich auf Psychiatrie zu spezialisieren; im Dezember als Assistent an der psychiatrischen Klinik „Burghölzli" unter Prof. Eugen Bleuler; Approbation als Arzt für alle Schweizer Kantone

1902 Dissertation: „Zur Psychologie und Pathologie sogenannter okkulter Phänomene"; 17. Juli: Dr. med. an der Universität Zürich

1902 / 03 Wintersemester bei Pierre Janet an der Salpêtriére in Paris

1903 14. Februar: Eheschließung mit Emma Rasuchenbach, Schaffhausen (5 Kinder: Agathe Niehus, Gret Baumann, Franz Jung-Merker, Marianne Niehus, Helene Hoerni)

1903 / 05 Volontärarzt am „Burghölzli"

1905 / 09 Oberarzt

1905 / 13 Privatdozent and der medizinischen Fakultät der Universität Zürich

1906 Öffentliches Eintreten für die Psychoanalyse S. Freuds

1907 Februar: Erste Begegnung mit S. Freud in Wien; „Über die Psychologie der Dementia praecox (Schizophrenie)"

1909 Weggang von der Klinik; Beginn der privaten Praxis im neuerbauten Haus in Küsnacht bei Zürich; September: Zusammen mit Freud und Ferenczi zu Gastvorlesungen an der Clark University in Worcester /Mass; dort Ehrenpromotion ; „Diagnostische Assoziationsstudien" (Buchausgabe)

1910 März: Nürnberger Kongress begründet die „Internationale Psychoanalytische Vereinigung" mit Jung als Präsidenten (bis 1914)

1912 „Wandlungen und Symbole der Libido"; September: Vorlesungen an der Fordham University in New York; Jung markiert seine von Freud abweichenden Anschauungen

1913 August: In Vorträgen vor der Psycho-Medical Society, London, bezeichnet Jung die von ihm vertretene Forschungsart als „Analytische Psychologie"; September: Münchener Kongress der „Internationalen Psychoanalytischen Vereinigung" mit nochmaliger Wiederwahl als Präsident

1914 20. April: Demission als Präsident; Juli: Zusammen mit der Ortgruppe Zürich Austritt aus der „Internationalen Psychoanalytischen Vereinigung"

1915 „Septem Sermones ad Mortuos"; „Die transzendente Funktion"; erste Erwähnung der Methode der Aktiven Imagination; Gründung des Psychologischen Clubs in Zürich

1917/18 Während des I. Weltkriegs als Sanitätsarzt Kommandant eines englischen Internierungslagers in Château d'Oex

1918 Beginn des Studium gnostischer Schriften

1920 Reise nach Nordafrika

1921 „Psychologische Typen"

1922 Tod der Mutter. – Beginn des Turmbaus auf dem 1922 in Bollingen am oberen Züricher Sees erworbenen Grundstück; letzter Bauabschnitt 1955 vollendet

1924 / 25 Studienreise zu den Pubelo-Indianern nach Nordamerika

1925 / 26 Studienreise zu den Elgonyis am Mount Elgon / Ostafrika

1928 „Beziehungen zwischen dem Ich und dem Unbewussten"; „Über die Energetik der Seele"; Beginn der alchemistischen Studien; Zusammenarbeit mit Richard Wilhelm

1929 „Kommentar zu „Das Geheimnis der Goldenen Blüte"; Vizepräsident der Allgemeinen Ärztlichen Gesellschaft für Psychotherapie, zusammen mit dem Präsidenten Ernst Kretschmer

1930 / 34 „Interpretation of Visions"; englische Seminare im Psychologischen Club in Zürich

1931 „Seelenprobleme der Gegenwart"

1932 Literaturpreis der Stadt Zürich

1933 Nach Rücktritt von E. Kretschmer, kommissarischer Prädident der „Allgemeinen Ärztlichen Gesellschaft für Psychotherapie", bis zur Neugründung 1934; Beginn der Vorlesungen an der Eidgenössischen Technischen Hochschule Zürich; August: Beginn der Eranos-Tagungen in Ascona am Lago Maggiore, mit Vortrag „Zur Empirie des Individuationsprozesses"

1934 Mai: Begründung und Präsidentschaft der „Internationalen Gesellschaft für Ärztliche Psychotherapie" in Bad Nauheim; Herausgeber des „Zentralblattes für Psychotherapie und ihre Grenzgebiete"(bis 1939); August: Zweiter Eranos-Vortrag über „Die Archtypischen des kollektiven Unbewussten"; „Wirklichkeit der Seele"

1934 / 39 „Psychological Aspects of Nietzsche's Zarathustra"; englische Seminare im Psychologischen Club Zürich

1935 Ernennung zum Titularprofessor an der Eidgenössischen Technischen Hochschule Zürich; Tavistock Lectures in London über „Grundlagen der Analytischen Psychologie"; Festschrift zum 60. Geburtstag: „Die kulturelle Bedeutung der Komplexen Psychologie"

1936 Vorlesungen über „Psychologische Determinanten des menschlichen Verhaltens anlässlich der 300-Jahr-Feier der Harvard University in Cambridge/Mass.

1937 Terry-Lectures an der Yale University in New Haven/Conn. über „Psychologie und Religion“

1937 / 38 Auf Einladung der britisch-indischen Regierung in Indien; Ehrendoktorate der Universitäten Kalkutta, Benares und Allahabad

1939 Ehrenmitglied der Royal Society of Medicine in London

1940 „Psychologie und Religion“ (Buchausgabe der Terry Lectures); August: Eranos-Vortrag „Versuch einer psychologischen Deutung des Trinitäts-Dogmas“

1941 „Einführung in das Wesen der Mythologie“, in Zusammenarbeit mit Karl Kerényi; Vorträge in Basel und Einsiedeln aus Anlass des 400. Todestags von Paracelsus;

1942 „Paracelsica“; Rücktritt als Titularprofesssor

1943 15. Oktober: Ernennung zum ordentlichen Professor für Psychologie an der Universität Basel

1944 Zurückgabe des dortigen Lehrauftrags infolge Herzinfarkt; „Psychologie und Alchemie“

1945 Ehrendoktorkat der Universität Genf anlässlich des 70 Geburtstags; Festschrift des Eranos-Jahrbuchs „Zur Idee des Archetypischen“

1946 „Psychologie und Erziehung“; „Aufsätze zur Zeitgeschichte“; „Die Psychologie der Übertragung“

1947 Gründung des C. G. Jung Instituts in Zürich; „Symbolik des Geistes“; „Über pschische Energetik und das Wesen der Träume“

1950 „Gestaltungen des Unbewussten“; Zum 75. Geburtstag: Eranos-Jahruch „Aus der Welt der Urbilder“

1951 „Aion. Untersuchungen zur Symbolgeschichte“; August: Jungs letzter Eranos-Vortrag „Über Synchronizität“ (1952 erweitert unter dem Titel „Synchronizität als ein Prinzip akausaler Zusammenhänge“)

1952 „Symbole der Wandlung“; „Antwort auf Hiob“; erneute schwere Erkrankung

1953 ff. Im Rahmen der Bollingen Series, New York, erscheinen Jungs „Collected Works“

1953 „Von den Wurzeln des Bewusstseins. Studien über den Archetypus“

1955 Ehrendoktorat der Eidgenössischen Technischen Hochschule Zürich aus Anlass des 80. Geburtstags; „Mysterium Coniunctionis“, Band I; Psychologischer Kommentar zu „Das Buch der großen Befreiung“; 27. November: Tod von Emma Jung

1956 „Mysterium Coniunctionis“, Band II

1957 Beginn der Arbeit an „Erinnerungen, Träume, Gedanken“, gemeinsam mit Aniela Jaffé; „Gegenwart und Zukunft“; „Ein moderner Mythus. Von Dingen, die am Himmel gesehen werden“; „Das Gewissen in psychologischer Sicht; als erster Band der Gesammelten Werke erscheint Band XVI „Praxis der Psychotherapie“

1959 „Gut und Böse in der Psychotherapie“

1960 Anlässlich des 85. Geburtstags Ernennung zum Ehrenbürger von Küsnacht

1961 „Approaching the Inconscious“. Jungs letztes Werk, ursprünglich englisch abgefasste Einführung in die Analytische Psychologie; deut „Zugang zum Unbewussten“, in: „Der Mensch und seine Symbole“

6. Juni: Nach kurzer Krankheit stirbt C. G. Jung in seinem Haus in Küsnacht;

9. Juni: Beerdigung auf dem Friedhof von Küsnacht.

Anmerkungen

1. C. G. Jung im Brief vom 12. August 1960, in: Br III, S. 328
2. Aniela Jaffé: Vorwort der Herausgeberin von C. G. Jung: Briefe I 1906-1945. Olten-Freiburg 1962, S. 7
3. Gerhard Wehr: Christentum und Analytische Erfahrung. Die Nachfolge Christi als Verwirklichung des Selbst. – Derselbe: Selbst-Werdung und religiöse Erfahrung. Analytische Psychologie und Spiritualität. Beide: Opus Magnum Stuttgart 2009.
4. C. G. Jung und Eugen Böhler. Eine Begegnung in Briefen mit einer Einführung von Gerhard Wehr. Zürich 1996.
5. C. G. Jung: Ein großer Psychologe im Gespräch. Freiburg 1994, S. 26 f.
6. Vgl. die ausführliche Studie von Christoph Bochinger: New Age und moderne Religion. Religionswissenschaftliche Analysen. Gütersloh. 2. revid. Aufl. 1995.
7. C. G. Jung: Ein großer Psychologe im Gespräch, S. 150.
8. C. G. Jung in: Georg Gerster: Eine Stunde mit [...] Berlin 1954, S. 17 f.
9. Unter anderem in Sigmund Freud: Zwangshandlungen und Religionsübungen (1907), in: Werkausgabe ind zwei Bänden. Hrg. Anna Freud und Ilse Grubrich-Simitis. Frankfurt 1978, Bd. II, S. 193 ff, sowie in einer Reihe späterer Veröffentlichungen.
10. Jung denkt hierbei wohl an das – kurzschlüssig als „Wunder" bezeichnete – Zeichen (griech. semeion) der Wandlung von Wasser in Wein (Joh. 2, 1-11), das manche Ausleger in die Nähe der dionysischen Mysterien rückten, vgl. Heinz Noetzel: Christus und Dionysos. Stuttgart 1960. Darin ist ältere Literatur verarbeitet, die Jung zugänglich gewesen sein konnte.
11. Zu Jungs wissenschaftlicher Positionsbestimmung, die seine Distanzierung von Freud einsichtig macht, gehörte sein Frühwerk „Wandlungen und Symbole der Libido" (1912); später umgewandelt in: „Symbole der Wandlung", (1952, in: GW V). Am 29. 10. 1913 lässt er seinen Zürcher Kollegen wissen, dass er mit Freud nicht länger zusammenarbeiten wolle (Br I, S. 50).
12. C. G. Jung: Erinnerungen, Träume Gedanken. Zürich 1962. – Gerhard Wehr: Carl Gustav Jung: Leben, Werk, Wirkung. 2. Erweiterte Auflage. Edition Telesma, Schwielowsee 2009, S. 147-176.
13. C. G, Jung: Das Rote Buch. Düsseldorf 2009.
14. C. G. Jung; Psychologie und Alchemie (GW XII); Studien über alchemistische Vorstellungen (GW XIII).

15. Vgl. die ausführlicheren Darstellungen in GW IV, die sich auf Jungs zwischen 1906 und 1916 veröffentlichte Schriften beziehen. Sie beschäftigen sich mit Sigmund Freud und der frühen Phase der zeitgenössischen Psychoanalyse. Jungs enge Verbindung mit Freud bestand während der Jahre zwischen 1907 und etwa 1912.

16. Sigmund Freud: Die Zukunft einer Illusion, 1927.

17. Detlef-Ingo Lauf: Symbole. Verschiedenheit und Einheit in östlicher und westlicher Kultur. Frankfurt 1976, S. 94-118. – Martina Wegener-Stratmann: C. G. Jung und die östliche Weisheit. Perspektiven heute. Olten-Freiburg 1990. – Karl Baier: Yoga auf dem Weg nach Westen. Beiträge zur Rezeptionsgeschichte. Würzburg 1998, S. 219-256.

18. Diese und andere interpretierende Texte Jungs finden sich in GW XI.

19. Oskar A. H. Schmitz: Psychoanalyse und Yoga. Darmstadt 1923.

20. Was Jungs Formulierung „germanische Rasse“ anlangt, so ist zu bedenken, dass diese bereits 1923 niedergeschriebenen Ausführungen zu diesem Zeitpunkt noch nicht durch die nationalsozialistische Rassentheorie infiziert war und von ihm deshalb unbefangen gebraucht werden konnte.

21. In diesem Zusammenhang ist an die „Schule der Weisheit“ zu denken, die Hermann Graf Keyserling (gest. 1946) in Darmstadt betrieb.

22. Paul Brunton: Die Weisheit des Überselbst. Freiburg 1949; 1971. – Roberto Assagioli unterscheidet in der von ihm entwickelten Psychosynthese ein Unter- und ein Überbewusstes. – Roberto Assagioli: Handbuch der Psychosynthesis. Angewandte transpersonale Psychologie. Freiburg 1978.

23. Rudolf Steiner: Wie erlangt man Erkenntnisse der höheren Welten? (1904). 24. Aufl. Dornach 1993. – Zum Gegenüber zweier Erkenntniswege vgl. Gerhard Wehr: C. G. Jung und Rudolf Steiner. Konfrontation und Synopse (1972). Stuttgart 1998.

24. Beide psychologische Kommentare Jungs sind in GW XI enthalten.

25. Eranos Jahrbuch 1934. Zürich 1935; jetzt in GW IX, Teil 1.

26. Jungs Anschauung dürfte der Tatsache entsprechen, dass zwar das Verlangen nach spiritueller Erneuerung und nach einer qualtitativen Erweiterung des religiösen Bewusstsein besteht, die innerhalb des kirchlichen Christentums in der Regel nicht mehr befriedigt wird, dass es aber immer noch breite Bevölkerungskreise gibt, die in herkömmlicher Weise durch Verkündigung und Seelsorge betreut werden wollen.

27. Oft genug hatte Jung Anlass, sich über jene Mediziner-Kollegen zu beschweren, die über ihn herzogen, ohne mit Grundlagen der Psychiatrie bekannt zu sein. So schrieb er z. B. dem Schriftsteller und Philosophen Walter Robert Corti (1929): „Von diesem traurigen Medizinergeschmeiß, das über mich urteilt, ohne mich zu kennen, läuft zu viel in der Schweiz herum“ (Br I, 91).

28. Fritz Buri: Die religiöse Überwindung der Angst. Bern 1945; ferner: Oskar Pfister: Das Christentum und die Angst. Zürich 1944; Olten 1975.

29. Was Freuds Symbolbegriff anlangt, so neigt Jung dazu, darin lediglich ein Symptom oder eine Metapher zu sehen (Br I, 88). Wie einem Brief an den ihm nahestehenden Sinologen Richard Wilhelm (1873-1930) zu entnehmen ist, verzichtete er auf die gelegentlich verwendeten sogenannten Rosenkreuzer-Symbole, solange er sich nicht mit den dazugehörigen Texten beschäftigen konnte (Br I, 89).

30. Jung spielt hierbei an die denkerischen Auseinandersetzungen im Mittelalter (Universalienstreit) an, bei denen zu unterscheiden war, ob es sich um eine Wirklichkeit handelt, die im Ding (esse in re) oder ob ein Sein im Geist (esse in intellectu) gemeint ist. Das von Jung in Anspruch genommene esse in anima entspricht der Wirklichkeit, die letztlich in uns, und nur in uns, verwirklicht werden kann.

31. C. G. Jung: Antwort auf Hiob, in: GW 11.

32. C. G. Jung in der Rede zum Gedächtnis Richard Wilhelms am 10. Mai 1930 in München, in: GW 15.

33. C. G. Jung: Erinnerungen [...] 250 ff.

34. Über Initiation und Arkandisziplin in der frühen Christenheit vgl. Gerhard Wehr: Gnosis, Gral und Rosenkreuz. Esoterisches Christentum von der Antike bis heute (1975). Anaconda Köln 2007, S. 78 ff.

35. Zur näheren Erläuterung pflegte Jung in solchen Zusammenhängen auf sein Buch „Die Beziehungen zwischen dem Ich und dem Unbewussten“ (in GW 7) hinzuweisen.

36. Hier spielt Jung auf das längst geläufige Erfordernis an, dass jeder psychotherapeutischen Praxis eine auf Selbsterfahrung gegründete Lehranalyse vorausgehen müsse, um – zusammen mit dem psychologischen Wissensfundus – eine tragfähige Basis für das Erleben und Erleiden seiner Patienten zu bekommen.

37. Es handelt sich hier um die in der Analytischen Psychologie entwickelte Aktive Imagination, vgl. A. Amman: Aktive Imagination. Olten 1978; L. Müller; D. Knoll: Ins Innere der Dinge schauen. Düsseldorf 1998

38. Dazu die umfassende historisch angelegte Darstellung von Karl Baier: Meditation und Moderne. Würzburg 2009. – Gerhard Wehr: „Nirgends, Geliebte, wird Welt sein als innen". Mystik im 20. Jahrhundert. Gütersloh 2011, S.165-177.

39. Bonaventura: Itinerarium mentis in deum. Lateinisch-deutsch. Hrg. Julian Kaup. München 1961.

40. Verschiedene Meditationsformen einschließlich der Aktiven Imagination werden dargestellt in: Meditation in Religion und Psychotherapie, hrg. Wilhelm Bitter. Stuttgart 1958. – Psychotherapie, Meditation, Gestalt. Hrg. Hilarion Petzold. Paderborn 1984.

41. Hier verweist Jung auf u. a. sein Buch „Gestaltungen des Unbewussten" (Zürich 1950).

42. Stefanie Zumstein-Preiswerk: C. G. Jungs Medium. Die Geschichte der Helly Preiswerk. München 1975. – Gerhard Wehr: Carl Gustav Jung. Leben, Werk, Wirkung. S. 65 ff.

43. C. G. Jung: Zur Psychologie und Pathologie sogenannter okkulter Phänomene, in: GW I, 1-98.

44. Aniela Jaffé: C. G. Jung und die Parapsychologie, in: Zeitschrift für Parapsychologie und Grenzgebiete der Psychologie, Bd. IV, Nr. 1, 1960, S. 8-22, jetzt in: Parapsychologie. Entwicklung, Ergebnisse, Probleme. Hrg. Hans Bender. Darmstadt 1966, S. 416 ff; ferner Aniela Jaffé: Geistererscheinungen und Vorzeichen. Zürich 1957.

45. Elmar R. Gruber: Suche im Grenzenlosen. Hans Bender, ein Leben für die Parapsychologie. Köln 1953, S. 48 ff.

46. Jung wies darauf hin, dass es viele Fälle frappanter Analogien zwischen der astrologischen Konstellation und dem psychischen Erlebnis beziehungsweise zwischen dem Horoskop und der charakterlichen Disposition gebe. Mit einem ziemlich hohen Grad von Wahrscheinlichkeit sei zu erwarten, dass eine gut umschriebene psychische Situation von einer analogen astrologischen Konstellation begleitet sei.

47. Hierzu die Anmerkung des Herausgebers Br III, 171: Im Jahre 7 v. Chr. fand die Konjunktion der beiden Planeten Saturn und Jupiter dreimal im Zeichen der Fische statt. Jung deutet sie als Vereinigung äußerster Gegensätze. Vgl. Aion in: GW IV, 2, Abs. 130 f.

48. Marie Louise von Franz: Zahl und Zeit. Psychologische Annäherungen von Tiefenpsychologie und Physik. Stuttgart 1970.

49. Karl Schmid, Professor für deutsche Literatur an der Eidgenössischen Technischen Hochschule Zürich.

50. Fritz Blanke: Bruder Klaus von Flüe. Zürich 1948.

51. Gerhard Wehr: „Nirgends, Geliebte, wird Welt sein als innen“. Mystiker im 20. Jahrhundert. Gütersloh 2011.

52. Erich Neumann (1905-1960) gilt als der bedeutendste Vertreter der Analytischen Psychologie. Lebenbestimmend wurde seine Begegnung mit C. G. Jung (1934): Seiner jüdischen Abstammung wegen musste er nach Palästina emigrieren; als kontinuierlicher prominenter Vortragender wirkte auch er von Tel-Aviv aus seit 1948 zusammen mit Jung bei den Eranos-Tagungen in Ascona mit. Hohe internationale Anerkennung fanden seine Werke, u. a. „Ursprungsgeschichte des Bewusstseins“ (1949), „Tiefenpsychologie und neue Ethik“ (1949) „Die Große Mutter“ (1956), „Der schöpferische Mensch“ (1959). – Zu Leben und Werk vgl. „Kreativität des Unbewussten“. Zum 75. Geburtstag. Hrg. H. Dieckmann u. a. Basel 1980. Ein Großteil seiner Werke ist bei www.opus-magnum downloadbar.

53. Frauen um C. G. Jung, vgl. Gerhard Wehr: Carl Gustav Jung. Leben, Werk, Wirkung. Edition Telesma, Schwielowsee 2oo9, S. 431-439.

54. Aus den Gesprächen mit C. G. Jung. Aufgezeichnet von Margret Ostrowski-Sachs. Typoskipt (Montagnola) 1965, S. 40. Vgl. Gerhard Wehr: Carl Gustav Jung. Leben, Werk, Wirkung. S. 240.

55. C. G. Jung: Versuch einer psychologischen Deutung des Trinitätsdogmas (1942), in: GW XI.

56. Jung spielt in diesem Zusammenhang auf sein frühes Werk „Wandlungen und Symbole der Libido“ (Leipzig 1912) an, das seine Trennung von der Freudschen Psychoanalyse maßgeblich mitbewirkt hat.

57. Jung dürfte hier speziell an die von Huldrych Zwingli ausgehende reformierte Tradition in Zürich denken, der er selbst als Sohn eines reformierten Pfarrers angehört; denn im Luthertum bleibt lehrmäßig immerhin die Vorstellung von der Realpräsenz, das heißt die der Gegenwart des Christusgeistes im Abendmahl, gewahrt, auch wenn Luther auf den aus der katholischen Messtradition bekannten sakramentalen Vorgang der Wandlung von Brot und Wein verzichtet hat.

58. Hier handelt sich sich um die Vision des Bruders Klaus von Flüe.

59. C. G. Jung: Die Beziehungen zwischen dem Ich und dem Unbewussten, in: GW VII.

60. So das Motiv des Briefschreibers; es wird sich in anderen Zusammenhängen naturgemäß um ein anderes Objekt handeln. Entscheidend ist jeweils die Weise des Umgangs mit dem, was aus der Seelentiefe kommt, und der individuellen Einstellung, mit der wir uns den inneren Bildern und Gestalten zuwenden.

61. Es handelt sich hauptsächlich um die in den Briefbänden II und III (1946-1961) enthaltenen Lebenszeugnisse.

62. C. G. Jung: Erinnerungen [...] S. 225.

63. Gemeint ist der christliche Äon, der im astrologischen Zeichen der Fische steht und den Äon des Widders abgelöst hat.

64. Die mittelalterliche Definition nennt (mit Jean Gerson, gest. 1429) die theologia mystica eine auf Erfahrung gegründete Gotteserkenntnis: cognitio dei experimentalis et non doctrinalis. Bekanntlich hat Jung für sich nie die Bezeichnung eines Mystikers in Anspruch genommen, verständlicherweise vor allem dann nicht, wenn er im Kreuzfeuer seiner theologischen Kritiker, auch Martin Bubers, stand. Vgl. Gerhard Wehr: „Nirgends, Geliebte, wird Welt sein als innen", S. 37-46.

65. Albert Schweitzer: Die Mystik des Apostels Paulus (1930). Stuttgart 1954. – Gerhard Wehr: Christliche Mystiker. Von Paulus und Johannes bis Simone Weil und Dag Hammarskjöld. Regensburg 2008, S. 14 ff.

66. Apostelgeschichte 17, 28: Seines – d. h. Gottes – Geschlechtes sind wir ja auch!

67. Gerhard Wehr: Gnosis, Gral und Rosenkreuz. Esoterisches Christentum von der Antike bis heute. Köln 2007, S. 404-413.

68. Jung kommt in diesem Zusammenhang auf sein, wie er meint „schockierendes und schwieriges Buch" Aion (1951) zu sprechen. Es habe ihn geradezu gezwungen, die Entwicklung der Symbolik während der vergangenen zwei Jahrtausenden darzustellen, und zwar anhand gnostischer Grundmuster, die wiederum ein Licht auf psychologische Motive werfen.

69. Hervorhebung in Jungs Brief an Dorothee Hoch vom 3. 7. 1952.

70. C. G. Jung im Brief an Dorthoee Hoch vom 30. 4. 1953: „Das Selbst ist per definitionem eine transzendentale Größe, mit welcher das Ich konfrontiert ist. Es ist ein totales Missverständnis – und das Gegenteil von dem, was ich immer betont habe – nämlich, dass das Selbst eine „Konzentration auf das Mich sei". Das ist es eben gerade nicht. Was immer das schließliche Schicksal des Selbst ist (wozu die christlichen Mystiker auch etwas zu sagen haben), so bedeutet es auf alle Fälle zuerst das Ende des Ich [...] Wie Christus auf alle Einzelnen, so sind auch alle Einzelnen auf Christus bezogen. Jedes Selbst hat die Eigenschaft, zum „Selbst der Selbste" zu gehören, und das Selbst aller Selbste besteht aus den einzelnen Selbsten. Der psychologische Begriff stimmt damit restlos überein."

71. C. G. Jung: Psychologie und Dichtung (1930), in: GW XV, S. 99.

72. Jung hatte in der Neuen Zürcher Zeitung vom 13. November 1932 einen Aufsatz über Picasso veröffentlicht, in dem er die „verwirrende Vielfältigkeit Picassos“ aus psychiatrischer Sicht zu besprechen hatte. „Ich lasse das ästhetische Problem dem Kunstgelehrten und beschränke mich auf die Psychologie, die solchem Kunstschaffen zugrunde liegt [...] Auf Grund meiner Erfahrung kann ich dem Leser versichern, dass Picassos seelische Problematik, soweit sie sich in seiner Kunst ausdrückt, der meiner Patienten durchaus analog ist“, in: GW 15, S. 151.

73. Es handelt sich um den Vater des Schriftstellers Michael Ende.

74. Einem französischen Briefpartner gestand Jung (1952), dass er Texte moderner Poesie oder zur modernen Kunst „fast nie bis zur letzten Seite“ gelesen habe.

75. Herbert Read: The Form of Things Unknown. London 1960.

76. G. Dreifuss: Erich Neumanns jüdisches Bewusstsein, in: Kreativität des Unbewussten. Zum 75. Geburtstag von Erich Neumann Hrg. H. Dickmann u. a. Basel 1980, S. 67 ff.

77. Erich Neumann: Tiefenpsychologie und neue Ethik (1949). München 1964 (Geist und Psyche) S. 92 f.

78. Heute: „Internationale Gesellschaft für Tiefenpsychologie“, Stuttgart.

79. Gut und Böse in der Psychotherapie. Hrg. Wilhelm Bitter. Stuttgart 1966.

80. C. G. Jung in: Gut und Böse in der Psychotherapie, a. a. O. S. 31; jetzt in GW X, S. 497.

81. Das Assumptionsdogma hielt Jung „für das wichtigste religiöse Ereignis seit der Reformation [...] Es ist eine petra scandali für den unpsychologischen Verstand [...] Die Methode der päpstlichen Beweisführung ist aber für den psychologische Verstand durchaus einleuchtend, denn sie st ützt sich erstens auf die unerlässlichen Präfigurationen und zweitens auf eine mehr als tausendjährige Aussagetradition.“ Dieser Glaube ist jedenfalls seit dem 6. Jahrhundert als Glaubensanschauung bezeugt. Nun sei durch die päpstliche Deklaration der Frau auf höchster Ebene spirituelle Gleichberechtigung eingeräumt. „Die Gleichberechtigung verlangt nämlich ihre metaphysische Verankerung in der Gestalt einer „göttlichen“ Frau, der Braut Christi [...] Das Weibliche verlangt eine ebenso personhafte Vertretung wie das Männliche“, in: Antwort auf Hiob, GW XI, S. 498 f.

82. Das entspricht der Einschätzung Jungs, wie sie wenig später auch in Antwort auf Hiob a. a. O. niedergelegt ist.

83. Jung spielt auf die von Rudolf Bultmann vertretene, in den fünfziger und sechziger Jahren des 20. Jahrhunderts lebhaft diskutierte Entmythologisierung in Kirche und Theologie an.

84. C. G. Jung und Eugen Böhler. Eine Begegnung in Briefen mit einer Einleitung von Gerhard Wehr. Zürich 1996.

85. Eugen Böhler: Die Bedeutung der komplexen Psychologie C. G. Jungs für die Geisteswissenschaften und die Menschenbildung, in: C. G. Jung: Bewusstes und Unbewusstes. Beiträge zur Psychologie. Frankfurt 1957 (Fischer Bücherei 175), S. 7-10.

86. „Bardo“ ist im Buddhismus die Bezeichnung für den Zwischenzustand der menschlichen Seele zwischen Tod und Wiederverkörperung.

87. Es handelte sich um drei Steintafeln mit der Reihe von Jungs väterlichen Ahnen, von denen er in seinen Erinnerungen (S. 236 f.) berichtete und die dazu bestimmt waren, in der Loggia seines Hauses in Küsnacht angebracht zu werden. „Als ich an den Ahnentafeln arbeitete, ist mir die merkwürdige Schicksalsverbundenheit deutlich geworden, die mich mit den Vorfahren verknüpft. Ich habe sehr stark das Gefühl, dass ich unter dem Einfluss von Dingen oder Fragen stehe, die von meinen Eltern und Großeltern und den weiteren Ahnen unvollendet und unbeantwortet gelassen wurden. Es hat oft den Anschein, als läge ein unpersönliches Karma in eine Familie, welches von den Eltern auf die Kinder übergeht. So schien es mir immer, als ob auch ich Fragen zu beantworten hätte, die bei meinen Ahnen schon schicksalsmäßig aufgeworfen, aber noch nicht beantwortet worden sind, oder als ob ich Dinge vollenden oder auch nur fortsetzen müsse, welche die Vorzeit unerledigt gelassen hat.“

88. Vgl. die Zeittafel.

89. Meister Eckharts Schriften (gestorben 1328) wurden erst im Laufe des 19. Jahrhunderts von neuem wahrgenommen und ediert, wobei sein Denken insbesondere in der Zeit des Nationalsozialismus allerlei Missdeutungen ausgesetzt war. Darüber hinaus dauern die Kontroversen in Fachkreisen über Inhalt und Zielsetzung immer noch an, beispielsweise ob der „größte deutsche Mystiker“ überhaupt als Mystiker zu gelten habe. Vgl. Kurt Flasch: Meister Eckhart. Philosoph des Christentums. München 2010. – Zum völkischen Mystizismus vgl. Gerhard Wehr: „Nirgends, Geliebte...“ S. 245-252.

90. C. G. Jung im Brief vom 2. 9. 1960 an Sir Herbert Read, London.

Gerhard Wehr bei opus magnum

Selbst-Werdung und religiöse Erfahrung – Analytische Psychologie und Spiritualität.

192 S., ISBN: 978-3939322528, € 16,90

In dem Maße, in dem die traditionellen Autoritäten in Religion und Weltanschauung an Glaubwürdigkeit und Evidenz verloren haben, ist das Verlangen nach originärer religiös-spiritueller Erfahrung gewachsen, und zwar nicht allein außerhalb oder am Rande des Christentums, sondern auch im Kreis derer, für die der Christus die Mitte ihres Lebens, die Mitte des Lebens schlechthin symbolisiert. Hierbei kommt der Analytischen Psychologie von C. G. Jung besondere Bedeutung zu, weil sie mit den Elementen seelisch-geistiger Wirklichkeit vertraut macht: mit dem Prozess der Selbst-Werdung (Individuation), mit deren Ziel, die die Symbolsprache der Menschheit seit alters »Heilige Hochzeit«, auch mystische bzw. chymische Hochzeit, genannt hat.

Christentum und Analytische Psychologie – Die Nachfolge Christi als Verwirklichung des Selbst

196 S., ISBN-13: 978-3939322092, € 15,90

Wie kann die Menschwerdung des Menschen gelingen? Christlich formuliert handelt es sich um die Nachfolge Christi; tiefenpsychologisch um die Verwirklichung des wahren Selbst. Gerhard Wehr zeigt, inwiefern die Analytische Psychologie C. G. Jungs hierbei einen wichtigen Beitrag zu leisten vermag. Der Sohn C. G. Jungs, Franz Jung, schreibt an den Autor: „Ihr Buch ist eine willkommene Einführung und Erläuterung. Es ist eindrucksvoll, wie gründlich Sie C. G. Jungs Gedanken zur Psychologie und Religion zu interpretieren verstehen [...] Ich halte sie für enorm wichtig und möchte sie als das Beste bezeichnen, was mir bis jetzt in die Hand gekommen ist. Ihr Buch scheint mir so grundlegend wichtig, dass ich meine, man könnte Jung kaum gerecht werden, wenn man sich nicht richtig in Ihre Erläuterungen vertieft hat."

Der Chassidismus: Gott in der Welt lieben. Mysterium und spirituelle Lebenspraxis

160 S., ISBN: 978-3939322108, € 14,90

„Größer ist es, wenn einem die Straßen der Heimatstadt erhellt sind wie die Bahnen des Himmels. Denn hier, wo wir stehen, gilt es, das verborgene göttliche Leben aufleuchten zu lassen." (Martin Buber)

Gerhard Wehr schenkt uns in diesem Buch einen faszinierenden Einblick in die Glaubensbewegung des Chassidismus, der uns zeigt, dass es möglich ist, höchste religiöse Inbrunst mit Freude, Gesang, Tanz und Ekstase,mit Liebe zur Welt, zu den Mitmenschen und zu sich selbst zu verbinden.